婺文化丛书XIV／叶顺清　主

兰溪传统村落

刘　鑫　刘黎霞　著

 浙江工商大学 出版社
ZHEJIANG GONGSHANG UNIVERSITY PRESS
·杭州·

图书在版编目（CIP）数据

兰溪传统村落 / 刘鑫，刘黎霞著. -- 杭州：浙江工商大学出版社，2024. 10. --（婺文化丛书 / 叶顺清主编）. -- ISBN 978-7-5178-6240-6

Ⅰ. K925.55

中国国家版本馆CIP数据核字第2024M7L069号

兰溪传统村落
LANXI CHUANTONG CUNLUO

刘　鑫　刘黎霞 著

策划编辑	王黎明
责任编辑	王　琼
责任校对	杨　戈
封面设计	金华市传媒集团印务有限公司
责任印制	祝希茜
出版发行	浙江工商大学出版社

（杭州市教工路198号　邮政编码310012）

（E-mail：zjgsupress@163.com）

（网址：http：//www.zjgsupress.com）

电话：0571-88904980，88831806（传真）

排　　版	金华市传媒集团印务有限公司
印　　刷	金华市传媒集团印务有限公司
开　　本	880mm×1230mm　1/32
印　　张	6.625
字　　数	150千字
版 印 次	2024年10月第1版　2024年10月第1次印刷
书　　号	ISBN 978-7-5178-6240-6
定　　价	68.00元

"婺文化丛书XIV"编委会

主　编：叶顺清

副主编：周国良　叶志良

编　委：（按姓氏笔画为序）

序

兰溪市,位于浙江省中西部,县级市,由金华市代管。唐咸亨五年(674),析金华县西三河戌地始建为县。1985年5月,撤县建市(县级)。在1300多年的悠悠岁月中,得天独厚的自然生态环境,不仅孕育了兰溪的农耕文明,更使兰溪成为人们心驰神往的名人故里。兰溪名人辈出,五代高僧贯休,宋代名儒范浚、金履祥,明代文学家胡应麟,清代戏剧大师李渔,现代作家曹聚仁,现代世界摄影大师郎静山等,名噪海内外,名媛赵一荻、中国著名铅球运动员黄志红也是家喻户晓的人物。

传统村落是农耕时代的物质见证,它所呈现的自然生态和人文景观,是在当地人生产和生活实践的基础上,经由他们共同的记忆而形成的文化、情感和意义体系。中国传统村落承载着中华优秀传统文化的精华,是农耕文明不可再生的文化遗产。今天的兰溪,不仅较好地保留着稻菽翻浪、茶园吐翠、田舍掩映、阡陌纵横的原生态田园风光,还较为完整地保存了各个时期积淀下来的历史风貌和传统文化,在历史的年轮下越发显得古朴和迷人。

兰溪市是浙江省历史文化名城,拥有1个国家级历史文化街区、1个省级历史文化街区、3个省级历史文化名镇、7个省级历史文化名村、21个中国传统村落,还有8个金华市级传统村落。这些阶梯式、平谷式、傍水式、台地式传统村落，或居于高山之巅，或隐于群山之间，或坐落于清溪之畔，或掩映于竹海古林中，体现出恢宏的气势，呈现出朴素大美的质感，具有浑然天成的艺术美感。兰溪传统村落完整地保存着"山水—田园—村落"的格局，以山水助阵，以田园增韵，具有极高的历史文化、建筑艺术、民俗风情和生态旅游价值。兰溪有幸保存下了绵延千年的耕读文化传统，至今耕读之风不减，是传统文化照射到兰江、婺江、衢江这三江流域的一个缩影。1300多年的时光精雕细琢出独具韵味的村落文化，使之透着一种质朴而又古雅的气质，吸引了世界各地的艺术家来此写生创作，使兰溪日益成为远近闻名的传统村落艺术创作基地、民俗体验胜地、休闲养生福地。

近年来，兰溪市委、市政府大力实施"智造立市、拥江兴市、环境活市、共富强市"四大战略，打造知名文化品牌，抓好重点板块开发，提升旅游服务品质，积极融入"诗路钱塘"建设，以创建浙江省全域旅游示范县（市、区）为抓手，利用好厚重的人文优势，把兰溪作为大景区来建设、经营和管理，守好"生态美"，打好"人文牌"，念好"旅游经"，全域打造大花园，让兰溪成为令人向往、令人留恋、令人怀念的诗和远方。作者乘兰溪市委、市政府打造文化品牌之东风，通过几年的走访，创作了《兰溪传统村落》一书。该书多角度呈现了兰溪传统村落的文化魅力，内容翔实、图文并茂、情感丰沛，对村落布局、建筑风貌、宗族文化、耕读文化、民俗风情等都有独到的叙述和见解，系统地阐述了兰溪各个传统村落的发展历史，对于挖掘、传承和弘扬兰溪乡土文化具有重要作用。一册在手，跟随着作者跳跃的笔尖，走进隐藏在江南深处的兰溪传统村落，相信您一定能够切身感受到兰溪传统村落的迷人神韵，一定能够触及兰溪传

统文化的精髓。让我们共同来珍惜、保护并利用好这份来自历史
深处的珍贵遗产。

刘　鑫

2024年5月

目　录

第一章　城市厢房姚村古村落

兰溪市兰江街道姚村,距离兰溪市区5公里,地形呈长方形,如船状,地势西南略高渐斜向东。自清代以来,因村人在外经商、行医赚钱以后,回家营建房舍,始成现在的古村落。姚村现存建筑大多为清末至民国时期的,道路布局如"井"字形,背靠龙山,前临潆溪,为理想之居地。村落现有古建筑围绕前、后塘而建,有宗祠、庙宇、戏台、凉亭、民居、桥梁等60余座。主要文物古迹有存德堂、如德堂、崇德堂、衍庆堂、萃德堂、齐政堂、文三公厅、慎德堂、古戏台、锁潆桥等。姚村古建筑雕刻精美,为兰溪民国时期雕刻精华之所在。1992年12月,姚村被兰溪市公布为市级文保单位,目前是中国传统村落、浙江省历史文化(传统)村落保护利用重点村。

姚村山环水绕,景色迷人,全村建筑几乎都坐西朝东,有迎风朝日兴盛的含义。明清古建筑占村庄建筑的45%左右,属徽派建筑,青砖白墙灰瓦马头墙,砖雕木雕花样精美。

姚村牌坊

姚村是姚氏先祖在南宋景炎年间（1276—1278）从绍兴西迁居兰溪而形成的，村域面积2.4平方公里，主要产业为蜜枣加工、火腿腌制、木雕。

姚村日塘

一、姚村堪舆

兰溪市兰江街道姚村是以姚姓村民为主的血缘村落。作为一处传统村落，姚村和兰溪其他古村落一样，有着历史悠久，古建筑存量丰富、序列清晰、类型多样、精美的特点。

姚村位于浙江省兰溪市兰江街道西北丘陵地带，坐西朝东，是兰溪名副其实的城市厢房。姚村村前溁水长流，村后龙山蜿蜒，兰芝风情线从村前通过，兰溪至厚仁的公路绕村而过，经衢江大桥到垫塘边村的公路横贯姚村，交通十分便利。

姚姓村民入居前，姚村叫"夏宅"。姚姓村民定居并快速繁衍后，改为"姚村"。姚姓望族建造于明代的祠堂非常华丽，但于20世纪40年代毁于战火。2006年，姚氏宗祠移址新建，历时4年告竣，耗资500余万元，更加富丽堂皇。新建姚氏宗祠的资金，由姚宝熙老人带头、村民自发筹集，祠内所用木料，绝大部分为国外进口。2010年4月17日，姚村举行万人祭祖大典，盛况空前。

姚姓先祖注重堪舆，当年姚村始祖择地建村，阳基自黄店柱竿山中转坤申土星，命名龙山。龙山伸出五指，犹如金龙献爪之形。

龙山后有黄土山为屏,前有小青山做案,左依仓山,右抱象山,一侧的狮山耸立如华表。姚姓族人建宗祠以关水口,东佐锁潆庵,西造锁潆桥,左增文殿,右改武宫,财不外泄。历经数百年风风雨雨,村中依然保留下50余幢清代建筑。古建筑以月塘水系附近的齐政堂、崇德堂、奉政第和古戏台为中心,依地势呈辐射形分布,整体感较强。所有古建筑饰以粉墙黛瓦,格调清新秀雅。古建筑中祠堂类多用高大的牌楼式门面,门额庄严。齐政堂与崇德堂门额分别题写"瑞叶三斯""颂叶三斯","三斯"即"生于斯,长于斯,老于斯",有"落叶归根""眷恋故土"等含义。古建筑中民居类多有影壁,大门内墙设金鼓架,天井狭窄,楼屋高大,檐下木雕繁缛。古建筑中的马头墙错落有致,是一道美丽的风景线。

姚村古民居按照宫、商、角、徵、羽的世系自村北向南分布,如今宫、徵、羽早已不存在,商支下分天、地、人三支,占全村90%的空间,角支仅占村南一隅,各支族都有自己的

姚村日月塘边的民居

祠厅建筑。民居典型单元一般坐西朝东,建筑相连,户户相通,形成长条形住宅团。其中,从如德堂后延伸到村中过街楼,又从过街楼向西延伸到上基厅,由过街楼衔接的两组最大,约占全村面积的10%。组团之间形成弄堂,弄堂道路用青石板砌筑,弄堂两侧建筑均有马头装饰精美的封火墙。弄堂中还有过街骑楼,将两侧民居建筑相连。村庄道路除沿潆溪两岸的通道外,另有二纵一横:一纵

是长弄堂,过大石桥经长弄堂到井头面;另一纵是小厅弄堂,自溪边路口过小厅(萃德堂,已废)到上基厅;一横是花厅路,从上基厅过花厅到夏宅道院。道路原铺青石板,可惜如今大部分已被混凝土覆盖。

姚村现存的众多连片明清民居建筑群落原貌保存完好,建材纯用砖木,平面布置多为三间两厢一天井。天井可蓄水排水,有可盛水的水缸以防火灾,墙窗高又小,多有前后门,有木老虎防范外盗。天井的牛腿、雀替、额枋上均雕刻各种人物、动植物图案,门窗图案花式繁多、装饰精致。二楼为私密空间,雕刻装饰较少。

除选址、布局等有一定研究价值外,姚村古民居建筑最大的特点是建筑装饰精美和雕刻工艺精湛。雕刻类型包括石雕、砖雕、木雕等,尤以木雕为村中传统工艺,至今仍有技艺高超的传人。建筑的门楼、天花、额枋、梁、牛腿、雀替、门窗、廊楣等部分有以刻纹、浮雕、圆雕、透雕、平雕等手法雕刻的迎宾图、百寿图、天官赐福等各种人物故事,仙鹤、孔雀、鹿、鸳鸯、狮、蝙蝠等各种吉祥动物,回字形、工字形、倒挂龙、箭羽纹、冰裂纹等图案随处可见。装饰木雕的构件选材精良,形象栩栩如生,与建筑浑然一体,显得高贵典雅。

姚村建村已有700多年的历史,而今村中的道路、水系仍保持清代的模样,这是由于村民受到传统观念影响较深,不愿轻易改动本村山环水抱的格局。此外,村中古民居大多保存完好,虽有文物贩子上门收购住户的牛腿、格扇等木构件,但均遭到村民的谴责。姚村明清祠厅建筑原有26处,均为祭祀婚丧所建。现存崇德堂、如德堂、存德堂、慎德堂、齐政堂、衍庆堂、下陇庙等7处作为公共建筑,总建筑面积达3500平方米。

姚村前绕漾水,后倚龙山,山水毓秀,人杰辈出。明代姚敬泉创办豸山书舍,县志记载其事。清代名医姚凤山,医德高尚,驰名八婺大地。晚清至民国年间,商业巨子姚坤鳌乐善好施,广为公益,备受当地百姓赞颂。现代的姚炳圭,其书画与童之凤、柳屏山齐名,三人被誉为"兰溪三杰"。黄埔军校三期的姚世昌,自小聪慧,磊落不羁,原就读于浙江省立第七中学,因罢课反对学校尊孔崇经而被退学。1925年,他辗转至广州,入黄埔军校。作为中共党员,在北伐战争中他一往无前,为国捐躯,是革命烈士。

一方水土养育一方人。公德善行在姚村这片土地上结出了丰盛的果实。例如,姚村名商姚坤鳌为公益事业资助2万余银圆,姚宝熙为村宗祠等捐款1500余万元……这些足见姚村世代公德文化的深厚底蕴。

数风流人物,还看今朝。姚村村民齐心协力,为维护好古村落形象,开发新的景观,营造了敬老爱幼、奋发向上的村风民风,村民开发姚村旅游业的信心十足,热情高涨,让姚村成为兰芝风情线上一颗璀璨夺目的明珠。

1992年,姚村被兰溪市人民政府列为"清代建筑群"文保单位。2013年被列为中国传统村落。

近年来,姚村还自筹资金复建姚氏家庙,整修了部分明清古建筑厅、戏台,使这些古建筑重现了历史风貌。

"漾水潺潺绕古村,风荷雨露泽儿孙。龙山文脉长相继,淳厚民风万

姚村日塘

世存。"这是一位诗人写的《漾溪风荷》，盛赞了兰溪市兰江街道姚村的村容村貌与村风民风。是的，姚村文化底蕴深厚，原生态景观众多，人文资源异常丰富。

二、姚村古建筑

姚村位于浙江省中西部，村东面低山群叠，琅塘山海拔约90米，村西丘陵起伏，海拔约31米。漾溪穿村而过，村中地势平坦，呈长方形，东与何夏庄村接壤，南与新桥村接壤，西与尖山村相接，北与殿山村相连。以慎德堂、古戏台等建筑为代表，该建筑群前有水后有山，建筑空间错落有致，雕刻工艺精湛，对研究江南传统村落及堪舆学等有较高价值。姚村整体风貌保存良好，有古河道（漾溪）1处、古井2口、过街楼1座。2口古井一口位于村中，一口依漾溪，是早期全村村民的饮水来源，古过街楼位于村中心。

姚村的古建筑远近高低，错落有致。村中有一条清澈见底的漾溪蜿蜒而过，两岸架着锁漾桥、荷花桥等6座古桥，为古村增添了一番小桥流水的古韵。站在锁漾桥上放眼望去，一幢幢白墙灰瓦马头墙的徽派建筑，仿佛一幅淡雅的水墨画卷，在阳光下显得特别古朴、静美。

姚村古民居

除古民居外，姚村也有保留较为完整的公厅、祠堂和古戏台，这些厅堂和戏台都有飞檐翘角，梁柱上雕刻着飞禽走兽、花鸟虫鱼、戏剧人物等精美图案,虽历经岁月洗礼,却至今栩栩如生。

从20世纪80年代开始,兰溪市政府相关部门和村两委就十分重视古建筑的保护,相关部门制定了保护规划,市政府定期下拨专项资金,派专业施工队对古建筑进行修缮和保护,做到"修旧如旧"。

1.崇德堂

崇德堂始建于明嘉靖三年(1524),建筑面积364平方米。后经多次维修。崇德堂坐西朝东,三开间三进两天井,串联式建筑,抬梁式结构。青石门面,乳钉门,厅檐叠翘,两柱三楼,砖雕结构,屋脊饰有鸱鱼吻,上嵌葫芦画戟,檐下"亲睦"砖雕牌匾,以示不忘敬宗睦族。这里是姚氏支族婚丧喜事、家族聚会的场所。其砖雕门面曾发

崇德堂

生倾侧,村民集资按原貌进行了维修。青石大门顶横书"颂叶三斯"四字。

明南京国子监祭酒章懋之侄、工部尚书章拯撰文,称前溪君有美德三:一承其父之志,光祖业又不忘孝;二不以利忘义,支持兄业爱护弟辈;三为人慈善,教育子孙尊制创业。崇此三德而名崇德堂。

2.如德堂

如德堂始建于明嘉靖元年(1522),光绪十年(1884)维修并改建为三开间对合,建筑面积168平方米。后进额枋上雕有百寿图,雀替、牛腿上雕有文官武将。"如德堂""祖武维扬"两块匾额以及楹联出自兰溪市书法家陈永源手笔。

3.慎德堂

慎德堂又名花厅,建造于民国四年(1915),建筑面积806平方米,为姚村明清建筑之首,原系清末富商、五品奉政大夫姚坤鳌的私宅,因其以慎处世、乐于公益而被命名为慎德堂。该建筑青石门框、八字形门面,基脚石雕有龙凤、双狮抢球、鹤、鹿等浮雕。木雕门楼为歇山顶,莲花倒挂柱。额枋、雀替、牛腿、戗角等均有镂空雕刻。封火马头墙。砖雕照壁起辟邪符镇作用。头门明间顶部为天花板。仪门青石门面,乳钉门。砖雕门楼,两柱三楼,下额枋上高浮雕为双狮抢球,门匾刻有"世德流芳"四字,上额枋为仰莲雕刻花边,刻有高浮雕鹤鹿同春,密檐砖雕。仪门为三开间抬梁式结构,梁枋搭牵、斗拱、牛腿上均雕有回字形、鸥鱼、莲花座、鹤鹿等图案。正门三开间,前有廊轩。双狮牛腿镂雕层次丰富、技艺精湛,额枋正中雕刻迎宾图。天井四周雀替上人物雕刻栩栩如生。天井置有千斤荷花缸,大型石雕缸座。后进两厢隔扇窗雕有三国故事,窗扇饰有精细的动物花草图案。廊楣雕有帏帐图案。后进左侧有五间两层偏房,额枋上雕有金钱蝙蝠,手法细腻舒展。

目前,该堂作为文化宫使用。文化宫又是一个新天地,其前身为俱乐部,创建于1983年7月。1984年7月,兰溪市第一家村级农民文化宫正式开放。

4.衍庆堂

衍庆堂建于明代,青石门面,砖雕门楣,封火马头墙,马头造型为凤尾翘。三间三进三天井两楼,天井之间设有廊轩,天井四周有小平座,平座护栏与窗披有工字形、冰裂纹和箭羽纹图案。牛腿雕有人物故事,雕工精湛,玲珑别透。雀替雕有孔雀、仙鹤、雄鹰、鸳鸯等。

5.下陇庙

下陇庙,俗称本报殿,位于龙山山麓、村庄南端,始建于明朝中叶,建筑面积406平方米。清乾隆三十五年(1770)从旧址南移10多米进行重建,光绪二十年(1894)用

姚村下陇庙

砖木整修扩建,内有36根木柱支撑,表示六六顺风的吉祥之意,是姚氏家族唯一的祭祀庙宇。庙坐西朝东,三间三进,一至二进有天井,二至三进有穿堂,抬梁式建筑,明代石础雕刻简洁。边属三间已分割为民居。该建筑由民间捐资维修,至今保存基本完好。

据传下陇庙的"陇"字,原无左耳旁,因古时龙即皇帝的代称,"下龙"字义含有逆皇之意,故加左耳旁,免滋生事端。

后进正中一间,塑有元代赐封为太尉官的何、姚、叶三位真君

像。这三位太尉生前有功德于民,为当地百姓所崇敬。左一间是释家佛、财神、五谷神,右一间有子孙堂、土地神。中进三间供列祭品。

6.古戏台

姚村的中心井头面是其最大的公共活动广场。广场北部是古戏台(雨台),建于清嘉庆年间(1796—1820),清宣统二年(1910)重修,四柱歇山顶建筑,翼角起翘,雕刻精湛,有扩音藻井。每年

姚村古戏台

农历八月,这里常常开台演戏(俗称"八月戏"),历年不辍。

古戏台建筑面积180平方米。它是姚村开展文化娱乐活动的地方。姚村民间文化娱乐活动始于清代,曾先后办有戏曲班两个,坐唱班两个。村民姚炳根素爱戏曲,于宣统元年(1909)创办戏班。昆曲坐唱班始于清末,由曲艺爱好者自筹经费延师教导,韵律细雅悦耳,听众较多。徽戏坐唱班创于民国二十一年(1932),一年一度的八月戏演出延续至今,甚为热闹。1986年在此拍摄电影《海瑞罢官》,1994年在此拍摄电视剧《艺苑情长李笠翁》。

广场南部为姚村富商姚坤鳌的宅院。宅院建筑依山就势,布局严谨,轮廓错落有致,外墙砖雕门楼,装饰精美。二楼开窗面对古戏台,当时的富商、女眷坐在家中楼上便可以直接看到宗族的各种仪式,欣赏社戏表演。

7.齐政堂

齐政堂为姚贻庆故居，清光绪二十一年（1895）由姚坤鳌与其叔姚桂茂所建，建筑面积258平方米。

姚村齐政堂

齐政堂位于公共活动广场西侧，青石门面，两柱三楼，砖雕门楼，雕刻有双狮抢球和武士，上方有"恩荣"匾一块，门匾"瑞叶三斯"寓意世代子孙像根深的大树一样枝叶繁茂。

8.存德堂

存德堂，由姚显济建于明代中叶，后毁于火。清道光二十七年（1847），其后裔商酌之后，先向同族怀庆兄弟购入房屋为前层，又将废弃之旧业卖于同族姚锡标置后屋三间两厢一天井，经整修仍名存德堂，建筑面积111平方米。厅门开南北两端，无正门。厅北门顶书"出悌"两字，意即兄弟和睦友爱。厅南门顶书"入孝"两字，即孝敬父母等长辈。经过1962年、1983年、1995年3次修葺，改楼房为平屋。

9.文三公厅

文三公厅，系姚氏文字辈第三人所建，故为此名。该厅由姚金书建于民国七年（1918），建筑面积70平方米。姚金书年轻时游手好闲,独管祖产无人敢问,年逾四十而不惑,自省私自挥霍公产有愧,遂罄卖己产建此厅,以忏己短而谢族人。

10.萃德堂

萃德堂,亦称卸厅,即小厅,建筑面积157平方米。明末姚尚贤建。姚尚贤谢世后,由其后裔十六兄弟各捐赀银一两修复堂构。但缺乏资金祭祀,适逢清嘉庆初年(约1799),小青山有树被风吹折,姚思长、姚作源拾归变卖得银五钱,与姚作海、姚范宽、姚范信等人同心协力,存储生利,积数年有些盈余,赠给萃德堂置产祀祖。后遭白蚁而毁弃。民国十九年(1930)重建,现为民居。

11.古桥

村前自北而南建有六桥。漾溪改道后五桥被改造,唯锁漾桥保存了原貌。该桥始建于明万历年间,重修于清光绪年间,青石拱形结构,高出水面4米。桥面长6米,宽2.5米,两边石栏杆高0.6米,镌有"锁漾桥"3个大字。桥北有石阶4级,桥南有石阶8级(即向南、向东各4级)。

姚村古建筑木雕

12.姚氏家庙

姚氏家庙,俗称大祠堂。明万历二十三年(1595),姚敬泉捐助基地,姚见山、姚文炳主持创建,历时1年多完成。民国十四年(1925)经全族磋商,集资动工翻建,全村男丁摊派劳力,历时3余年竣工。乡贤姚坤鳌一人资助24000银圆与全堂青石柱,村民建崇德报功祠一座,以彰姚坤鳌之贡献。姚氏家庙复建需耗资500余万元,村中姚宝熙老人一人独捐400余万元。姚宝熙老人早年在外创业,勤俭持家,为人忠厚,品德有口皆碑,是姚村乐善好施、热心公益的典范。

重建龙山姚氏家庙记

龙山姚氏始祖万六公,于南宋景炎年间从绍兴迁徙瀫西龙山定基,已历七百三十余载。

原家庙"恭洁堂"址在村南。始建于明万历二十三年(1595),由商人姻行敬泉公助地基,族人捐资献材,出力建成。明、清两次修葺。民国十四年(1925),商地津行坤鳌公鼎力捐资翻建。历次修建族人踊跃集资鸠材。民国三十一年(1942)惨遇侵华日军焚毁,已有六十余载,族人未忘国耻家恨,未泯寻根祭祖之心,企盼重建家庙。

欣逢盛世。秉承尚公益、乐助学、济贫困风范的商人焕行三百六十六宝熙公,首倡开捐巨资重建家庙,族人闻讯欣喜,经磋商遂定今址建家庙。

循三载,宗亲、族亲少长欣然尽力,友人鼎力相助,理事诸公尽心尽责,参仿原庙,于公元二〇一〇年(庚寅)三月圆满竣工。

奉贤思孝,循理好义,立碑颂德,是为记。

龙山姚氏后裔敬立

二〇一〇年(庚寅)三月

第二章　唐朝宰相舒元舆
出生地垷坦古村

　　垷坦古村位于白露山东北侧,在兰溪市西北部,距离兰溪市区20公里,属于女埠街道管辖。全村人口近1700人,村域面积5.5平方公里,村庄占地面积190余亩,森林面积7000余亩。

　　垷坦村东侧是有"华东枇杷第一村"美誉的穆坞村,南接下潘、虹霓山行政村,西南2公里是浙江省著名风景旅游名胜区——白露山景区,北接郎山行政村,通往建德市。

　　垷坦村,唐朝宰相舒元舆出生于此,南宋大理寺卿周三畏曾隐居于此地。周三畏是垷坦周氏的第一代始祖,是周敦颐的第四代孙,因此,垷坦集聚的周氏约1300人既是周三畏的后裔,也是周敦颐的后裔。孙为村中第二大姓。北宋时期,孙姓迁入垷坦。

　　村落以白露山群峰为依托,处于坦源溪两岸谷地之中,民居随山势高低层层升高,错落有致,以坦源溪为中心,穿插小巷,形成"非"字形格局。从白露山上远眺,其形如船。

　　村口周氏家庙气势雄伟,视野平旷,村口古

周氏家庙

樟参天,进村山垅口矗立明代万历年间(1573—1620)仁寿塔、兰源殿。村周山峦起伏,青翠欲滴,雨水汇集于村中小溪,弄巷纵横交错,呈"山列八卦,水曲九宫"之象,村庄俨如一方"八卦砚台"。故清代嘉庆年间,村中一进士将村名(原名坦达)改称垷坦。"垷"是砚的通假字,"坦"是坦然、心理安定之意。其寓意即人要安定读书,宁静致远,承继祖辈,胸怀大志。

走进村庄,古木参天,村中小溪自西向东涓涓流入甘溪河至兰江。小溪把村庄一分为二,中间小桥相连,诚然有"土地平旷,屋舍俨然,有良田、美池、桑竹之属。阡陌交通,鸡犬相闻"之感,村中有文体广场、农家书屋、文化活动室。山上有茶园、果园,相映成趣,枇杷、桃子、李子满山遍野,山幽水静,清丽超逸,仿佛遁出浮尘,走进世外桃源。

垷坦村已有上千年历史,古建筑众多,类型丰富,有明代古塔、古堂楼、古宗祠、古牌坊、古桥梁、古磨坊、古榨油车、古水车、古水井、古民居。古村落面积30000平方米,其中古建筑面积12000平方米,属历史文化建筑遗产型古村落。

特别要提到的是村口的周氏家庙,始建于明代万历年间,平面三间三进两天井,砖雕门楼,有梅兰竹菊、狮鹿鱼鸟、亭台楼阁、山水庙塔等浮雕图案。庙堂内正中悬挂匾额"濂溪旧地"。濂溪字茂叔,名敦颐。周敦颐乃北宋理学家,其村存有《道国元公濂溪周夫子志》三卷。说起周敦颐,人们首先想到的是他的千古名篇《爱莲说》,《爱莲说》表达的"出淤泥而不染,濯清涟而不妖"的君子情怀和廉洁精神,影响了一代又一代中国人。

村庄布局随势坐落,以水定面,南启北合,堪舆文化突显。村中小溪蜿蜒潺潺,古民居沿小溪鳞次栉比,与古石桥、古樟、兰彩亭、听琴亭构成一幅清丽、恬静、高雅的山水画；美妙动人的历史掌故又为村庄平添了人文色彩。

坂坦村属亚热带季风气候，温暖潮湿，四季分明，雨量充沛。年平均气温17.7℃左右，年相对湿度为78%。光照充足，全年日照时间超过2000小时。平均无霜期265天左右。4—7月为多雨期，约占全年降水量的一半。降水期主要在梅雨季节（4—6月）和台风季节（7—9月），这两个季节易生成洪涝灾害和地质灾害。

坂坦村经济以农业为主，少数村民兼从事个体经营、手工业。坂坦村土地肥沃，日照时间充足，雨量充沛，对农作物生长十分有利。适合种植多种水果，有柑橘、白枇杷、柿子、梨子、芙蓉李、杨梅等。新鲜水果长年不断。其中以白枇杷最多，据统计，白枇杷种植约3000亩。山上盛产茶叶，村中建有交易市场，各地客商纷纷进村收购茶叶和时鲜水果，村民以此增加收入，创造财富。粮食以水稻、大小麦为主。春季喜欢种植油菜。

坂坦传统村落体现了生态、形态和情态三方面的有机统一，村落四面环山，小溪穿村而过，村中水塘密布，植被林立，风景如画。在山水环绕之中，村落沿着小溪两侧呈枝状延伸，若干条传统街巷连至小溪，形成明显的轴线格局。传统村落文化积淀深厚，历史古迹甚多。村落中明清古建筑数量众多、类型齐全，是研究我国古代浙中古建筑极为珍贵的实物资料。坂坦传统村落在聚落构成、价值观念上都集中体现了地域特性，反映出明、清、民国等历史阶段的政治、经济、文化和社会的基本面貌，对研究这一历史时期浙江社会发展和中国宗法制度下的农村社会政治、经济、文化，极具历史和学术价值。

一、宗祠建筑

村中有省级文物保护单位2处、市级文物保护单位3处,第三次全国文物普查新发现不可移动文物数量24处。

1.孙氏堂楼与余庆堂

孙氏堂楼,2005年被公布为浙江省文物保护单位。建于明朝洪武年间(1368—1398),2005年重修,穿梁斗拱、雕梁画栋,明朝建筑风格。余庆堂与孙氏堂楼,已经

孙氏堂楼

整体合一,建筑面积共计593.26平方米。

孙氏堂楼坐东北朝西南,面阔三间,进深六柱十一檩,脊柱前三柱后两柱,均为双步梁。檩下华拱均用丁头承托。下金檩下皮浮雕有连环、花卉等图案,部分丁头拱两侧施枫拱、梭形柱。底层较为低矮简朴,楼上高敞华丽,抬梁式结构,有脊柱,前用三个双步,后接两个双步,月梁断面略成鼓状,鱼龙形札牵,各间前后檐额均有一斗六升的平身科两攒,次间脊檩下的襻间拱用一斗三升,骑栿拱出两跳或三跳,有竹节形上昂和镂雕花鸟的枫拱,檩条断面方形,下皮饰高浮雕图案,隔扇窗和风雨板为新制。孙氏堂楼是孙氏最兴旺发达时(一般认为是明代早期)所建的,是村里最古老的建

筑物和典型的楼上厅民居,占地面积114平方米。

站在楼下看,房子毫无特色,就几根柱子,抬头即见楼板。待上了楼,其精华就突显在眼前了:与大宗祠的粗犷不同,这里的梁架线条柔和优美,梁两端都刻有半月状龙须纹,檩下浮雕有凤穿牡丹或连环方胜花卉图案,具有很强的艺术感。由于年代久远,加上以前一直有人居住,所有的柱、梁都已发黑。

余庆堂坐东朝西偏南22°左右,前后三进两天井,正厅大约是清中前期所建,前厅梁架及门楼为清末民初改建,2005—2006年落架大修。该建筑的门楼既有西方哥特式的尖顶和钟楼,也有东方传统式的石库门和石匾,又结合了灰塑、彩画、砖雕、石雕等工艺,算是比较"另类"的中西结合体。前厅面阔三间,进深七檩,方形扁梁,明间抬梁式,五架梁对前后单步,次间穿斗式,柱头无栌斗,八边形柱础,"S"形牛腿。正厅面阔三间,进深九檩,内额有"余庆堂"匾额,梁栿为月梁造,明间抬梁式,五架梁对前后双步,次间穿斗式,五架梁上用墩木、坐斗撑托三架梁,骑栿拱顺檩出两跳,脊檩下有单跳斗拱撑托,柱子柱头卷杀明显,瓜棱形栌斗,柱础和牛腿同前厅。第三进为孙氏堂楼,典型的明代楼上厅做法。

2.濂溪旧第——周氏家庙

周氏家庙,又叫周氏宗祠,即周三畏后裔的家族祠堂,2005年被公布为兰溪市文物保护单位,是垷坦村规模最大、最有特色的一个传统建筑。如今为垷坦村老年协会所在地,位于村口附近,坐西朝东偏北45°左右,总共三进两天井加两厢,建筑面积725.61平方米。南宋嘉定二年(1209)创建,明万历年间重建,清道光八年(1828)重修,1946年曾进行重修,现大多为清代遗存。周氏家庙门楼采用四柱三楼仿木牌坊式,额枋处贴面高浮雕为狮子戏球、鲤鱼跳龙门、福禄寿喜、亭台楼塔等题材的砖雕图案,正中有"周氏家庙"横匾一块。门厅面阔五间,进深七檩,

周氏家庙——敦本堂

石柱木梁结构,明、次间为抬梁式,梢间为穿斗式,五架梁对前后单步,方形扁梁,梁侧面有回纹浅雕,无栌斗,五梁架直接搭在前后金柱柱头上,再用坐斗、童柱等构件连接三架梁,檩条下用帽翅等构件,单步梁一头插入金柱身,一头搭在檐柱头上,牛腿、雀替雕刻人物、花鸟等图案,内额悬挂"忠隐传芳"匾。过门厅后是"凹"字形天井,地势抬高,又步四级台阶入正厅。正厅面阔五间,进深八檩,同样是石柱木梁结构,石柱抹角刻海棠线脚,明、次间抬梁式,梢间为穿斗式,五架梁对前双步后单步,梁栿为断面圆形的直梁,梁下皮略做弧度,有童柱,柱头均无栌斗,人物牛腿,内额悬挂"敦本堂"匾额。后厅又高于后天井四级台阶,面阔五间,进深八檩,除明间四金柱为石柱外均用木柱,抬梁穿斗混合结构,回纹牛腿,额枋上有"翰林""濂溪旧第"等匾额。

在此,顺便谈谈垷坦村的教育。民国初年,本村周士奎任校长,办起了私立潜修初级小学,有2名教师,1个班级,学生43人。校址在周氏家庙内。民国二十六年(1937)改名为白露乡第八、九保国民学校,开2个班级,教师2人,学生78人。1949年8月,易名垷坦初级小学。1958年,改称垷坦完全小学。1969—1973年开设

小学附设初中班,越一年停办。1978年迁出周氏家庙。1989年村集体经济投资14万元,建成三层教学楼一幢,建筑面积576平方米。1996年8月学校布局调整,撤郎山小学三至六年级并入垅坦小学。其间,也曾办过垅坦幼儿园,1996年有1个班级,33名幼儿,任教教师1人。

垅坦村俱乐部创办于1983年冬天。活动场地225平方米,设有电视室,有彩电1台,图书室藏书300余册,阅览室订阅报纸20余种,还有象棋游艺室。村委会每年拨出活动经费。1985年活动场地由村老年协会管理,并开设老年茶室。老年协会、老年茶室至今仍在周氏家庙里。

周氏家庙的两株树龄上百年的罗汉松和金桂,被村民视为珍宝,倍加呵护。

3.汝南风范——敬承堂

敬承堂为周氏支派厅堂,也叫仁分厅,2005年被公布为兰溪市文物保护单位。建筑面积665.75平方米,坐西朝东偏北26°左右,由门楼、前厅、正厅、后厅、厢房和侧屋等组成,除门楼、正厅保留大部分明代构件外,其余为清中晚期重建,2005年大修。门楼设在前厅北面山墙处,分心槽,六檩穿斗式结构,有天花,残损,骑门梁粗壮,上施平身科两攒,用斜拱,牛腿、雀替雕刻古朴,有匾额"汝南风范"。前厅面阔三间,进深七檩,明间两缝为抬梁式,五架梁对前后单步,次间山缝穿斗式,梁栿为方形扁梁,刻回纹,柱头均无栌斗,有童柱,明间保留戏台,望柱均为原物。正厅与前厅间有天井相隔,两旁有厢廊和侧屋。正厅面阔三间,进深九檩,明间抬梁式,五架梁对前后双步,次间抬梁穿斗混合式,月梁断面矩形略外弧,鱼龙状札牵,五架梁上有异形上昂和骑枕拱,柱子用梭形柱,瓜棱形栌斗,硕形柱础。后厅地势高耸,面阔三间,进深七檩,穿斗式梁架,后墙有新制神橱。敬承堂珍藏了一块2米多高的明代碑,刻有"明故处士后山周君暨配黄孺人合葬墓志铭",阴刻楷书铭文数百字,部分已风化漫漶。

敬承堂保护范围:以敬承堂(含侧屋)墙基为界,东向外延伸12米,南向外延伸18米,西向外延伸15米,北向外延伸10米。

建设控制地带:按保护范围边缘向外延伸10米。

4.宰相出生地——周氏大厅

周氏大厅坐南朝北偏东5°左右,现存前后两进,对合天井,清初风格,2006年维修。建筑面积282平方米。前进前檐有近代添加的外墙,原为敞开式,面阔三间,进深九檩,明间两缝抬梁式,次间山缝穿斗式,五架梁对前后双步,所有梁枋为断面圆形的直梁,柱头无栌斗,硕形柱础,梁枋、梁檩之间用童柱连接,梁柱节点处用雀替,前檐柱上置双狮牛腿,后檐柱上置神仙人物牛腿。后进面阔三间,进深八檩,穿斗式结构,鼓形柱础。

据村里人说,唐时这里也是一座厅堂,舒元舆宰相就出生在这里。

明代吴之器所著《婺书》是这样说的:"舒元舆,东阳人……或曰,元舆故兰溪人也。"

《康熙金华府志》则称:"舒元舆,婺州人。"

成书于明正德庚午(1510)的《正德兰溪县志》有着题为"唐丞相舒元舆墓"的记述:"在惠安寺侧。"

《光绪兰溪县志》(1889年刻本)载舒元舆传记在卷五文学部分,至于籍贯,简至下句:"舒元舆,字升远。其先世合肥人,祖缜,迁邑河西。"但在卷三宅墓部分"丞相舒元舆墓"条，相对379年前的《正德兰溪县志》，叙述却详细了许多："在纯孝乡垷坦惠安寺侧（本前志，辑前志传疑）……今世俗相传：白露山之下地名竹埭，埭与队字音相同。山之西麓有寺曰惠安，与竹埭相去不远。寺后有舒丞相墓，则墓果在兰溪矣！但元舆死于甘露之变，归葬与否无考……今考邑《舒氏家谱》，元舆远祖景思由合肥迁居东阳，五世孙缜迁居邑之河西黄冈竹队，又徙居垷坦万罗山下，元舆其孙也！缜娶孙氏，续娶汤氏。缜卒，与孙氏归葬东阳地，亦名竹队，汤氏葬邑白露山下。故兰溪、东阳均有舒婆墓。大中八年，诏雪元舆冤，乃归葬寺侧。东阳志所云祖墓，似为元舆祖缜墓，非元舆墓也。"

很明显，"或曰，元舆故兰溪人也"这一说不是没有来由的，其佐证即是现故物依然的故居、庐墓实地实迹和脉络更为清晰的宗族谱记。循迹探访白露山麓的舒丞相墓及其故居与出生地垷坦村，不仅看到其故居范畴内的十数亩"花园坞"地名依旧，依傍的山峰"万罗尖"山名依旧，现居垷坦村的周、孙二姓村民在介绍时还把舒元舆出生时的产床床址都定在了周氏大厅大门口几平方米的范围内。

5.诚信坚持——贞固堂

贞固堂，贞即诚信的意思，固即坚持的意思。诚信坚持足以办好事情。语出《易·乾·文言》："贞固足以干事。"汉代蔡邕《郭有道碑文》："若乃砥节厉行，直道正辞，贞固足以干事，隐括足以矫时。"《三国志·魏书·邴原传》："征事邴原、议郎张范，皆秉德纯懿，志行忠方，清静足以厉俗，贞固足以干事。"宋代徐铉《大府卿张援可司农卿兼大理寺事制》："某官张援，为性端方，处众和雅，贞亮足以干事，哀矜足以得情。"

贞固堂,又叫智分厅,位于埂坦村内小溪沿线。建于明朝永乐年间(1403—1424),康熙壬子年(1672)遭受火灾,康熙癸丑年(1673)重建,1985年重修过一次,2005年再次重修。建筑面积509平方米。三间三进,抬梁斗拱,砖木结构,清代建筑风格。

民国十四年(1925),本村村民周遗金在此办过周遗金私塾。私塾,旧时私人设立的教学场所,一般只有一个教师,实行个别教学,没有一定的教材和学习年限,规模不大。

6.女儿上轿——存心堂

存心堂,"存心"二字出自《孟子·尽心章句上》:"存其心,养其性,所以事天也。"意为常存赤子之心,修养善良之性,是儒家宣扬的修养方法。凡利国利民之事,更宜留心,以躬修实践,以忠清事迹。"修合无人见,存心有天知",意思是说,在无人监管的情况下,做事不要违背良心,不要见利忘义,因为你所做的一切,上天是知道的。

存心堂,别名上轿厅,明清建筑,三间三进两天井。建筑面积389平方米,抬梁斗拱,花草人物等雕刻精致。

为何叫上轿厅呢? 本村姑娘出嫁,必须到此厅来上轿,故名上轿厅。

新郎准备接新娘出门上轿。新娘穿着礼服。新娘妈妈和一个长辈端着饭菜上来。长辈端的饭菜很丰富,有一条红烧鲫鱼,一碗红烧肉,一份炒蛋,还有一碗白米饭,饭里还拌有花生、红枣。

新娘妈妈在床上坐定,揽女儿入怀,让她坐在自己的膝盖上。然后,长辈开始给新娘喂饭,这叫"上轿饭"。吃一口饭,夹一筷红烧鲫鱼,寓意着"年年有余";再来一口饭,夹一筷红烧肉,寓意着"不愁吃穿";最后吃炒蛋。

当吃到最后一口时,新娘把饭吃进嘴里,嚼了几下又吐出来,寓意新娘"不忘养育之恩"。

给新娘喂饭的人有很多讲究。这人首先得是长辈,其次还得是被公认为有福气的人才行。

吃好"上轿饭",新娘由新郎或舅舅抱到厅上,在此上轿,才可出嫁。

7.累积善行——积善堂

积善堂为明清建筑,三间三进两天井,青石柱抬梁斗拱,牛腿等雕刻富有特色。2005年重修,建筑面积412平方米。

积善堂,积善有持续做好事,做善事,累积善行,积善行德,功德无量的意思。《汉书·董仲舒传》:"积善在身,犹长日加益,而人不知也。"《后汉书·邓寇传》:"功成身退,让国逊位,历世外戚,无与为比,当享积善履谦之佑,而横为宫人单辞所陷。"唐代韩愈《与孟尚书书》:"积善积恶,殃庆各以其类至。"明代高明《琵琶记·寺中遗像》:"积善道场随人做,伏愿老相公、老安人、小夫人万里程途悉安乐。"

习近平曾说:"家风好,就能家道兴盛、和顺美满;家风差,难免殃及子孙、贻害社会,正所谓'积善之家,必有余庆;积不善之家,必有余殃'。诸葛亮诫子格言、颜氏家训、朱子家训等,都是在倡导一种家风。"经常行善的人家会有许多可以庆贺的事,经常做恶事的人家会有许多灾祸在等着他。

而好的家风,做人第一就是"德",行事第一就是"善"。

积德,就是积"得"。

讲仁爱奉献的儒家道德何以有利于人生？说到底,违反道德的行为可以得利于一时,却难以长久持续。比如一个"信"字,欺诈或许能够短期获利,但是长此以往必然让自己臭名远扬。那些讲诚信的人虽然有时也吃亏,但能获得广泛的信誉和信任,事业便越做越大。

在现实生活中可能会看到,有德者未必有福,享福者未必有德,这一矛盾如何解决？儒家没有行善上天堂、作恶下地狱的鬼神观,有人经常行善却穷困潦倒,有人作恶多端却福寿俱全,如何解释这种情况,儒家的回答是:家庭。

一个人积德行善未必能改善自己的处境,但一定会为他的后代积下"阴德";一个人作恶多端,尽管能做高官、骑骏马,但他的债务不会消失,将由子孙偿还。通过引入家庭和时间两个因素,儒家成功解决了德与福表面上的矛盾。

二、牌坊与塔

1.独风名高——进士牌坊

进士牌坊,也被称为进士门楼,实为过街楼,坐西朝东偏南10°左右,明万历十一年(1583)建,清道光十八年(1838)、民国十二年(1923)

进士牌坊

和1998年均有修缮。该建筑小巧玲珑,造型别致,三间五檩用三柱,12柱落地,中间撑出悬顶,翘檐翻角,梁枋斗拱,牛腿花雕精致,分心槽,明代建筑风格。明间屋顶挑出悬山顶,施鸱鱼花脊,额枋书"进士"二字,内额悬万历皇帝亲笔题词"独风名高"匾额,次间前檐柱下用卷草纹夹柱石,梁枋、斗拱、牛腿等雕刻精美。

前柱对联"甲第联登,名高独风;文章齐美,誉重五龙"。中柱对联"父子宰浮梁,百室山河关职掌;仕民歌良吏,一门忠孝是家风",歌颂了周昊在明朝万历癸未年(1583)得中进士及父子在江西浮梁县为官的政绩。

关于进士牌坊有这样一段来历。

唐朝年间,垾坦曾有十八姓,上宅村就在现在的山凸头脚一带。舒元舆出生在垾坦的中宅,他在京都任丞相之职,后来为了光宗耀祖,当时在中宅的路头上建了一座木牌坊,上装一匾额"丞相阁"。此坊由于年代悠久,约于元朝后期倾毁。

南宋时期,周三畏在京城临安挂冠出走,沿着钱塘江溯江而上,过梅城而逆兰江来到白露山下的垾坦村。周三畏娶袁氏为妻,生三子,长子周洁迁南京,次子周泖定居垾坦,幼子周涌迁徙绍兴。于是,周三畏后裔就在垾坦村定居下来。

明朝万历十一年闰二月,周氏后裔集资在原坊上兴建了一座进士牌坊。

2.风水宝地——仁寿塔

仁寿塔坐落在永龄塔之后,位于垾坦村东南山顶,入村公路一侧。去往塔下的道路蜿蜒曲折,人在远处就能看见仁寿塔,未入村先见塔,显示蜿蜒道路之后必有人家,古塔恰好位于道路转折之

处,成为引导行人进入
垅坦的门户标志。

仁寿塔,俗称后塔,
建于明万历四十年
(1612),浙江省文物保
护单位。占地半亩,共
有七层六面,砖石结构,

仁寿塔远景

塔高33米,周长16.56米,边宽2.75米,墙厚1.02米,用特制的塔砖
砌成。第四层嵌丁字形石额,刻"仁寿塔"三字,旁边署有"周昊建"
字样,由周昊独资建造。原有塔楼太平天国时被拆除,新塔建成
后,引来许多文人墨客遗诗赞美。

(一)

戊午中秋平郭山,庚申初旦步云天;

下观飞禽低羽翼,远眺村火落云烟。

衢江隐现千源汇,婺岱朦胧一目间;

浮屠独构神工矩,贻与兰人忆当年。

(二)

浮屠突兀倚云开,瑞气排空雁影回;

兰生可能通帝座,惊人谁擅谢公才。

(三)

浮屠千尺势凌空,缥缈晴霞矗梵宫;

最喜凭高秋色远,衢江帆影白云中。

(四)

登临胜地几衔杯,野水平林四望回;

极目露峰最高处,芙蓉朵朵倚云开。

(五)

空华片片堕诸天,一朵青莲出凤泉;

崛起浮屠环水口,名标仁寿祝翁年。

(六)

喜等仁寿不辞频,与尔殷勤共一樽;

北望红尘多帝阙,南瞻紫雾属孤城。

晴空四碧云霞敛,瑞霭重环日月平;

何处高标能独树,不妨千载任题名。

(七)

瑞塔摩空曙色开,新晴携客共徘徊;

仁风四播千峰晓,寿日濒临万壑回。

岸柳拂烟青障合,山花缀锦倚浮杯;

当年雁阵远飞渡,准拟恩纶出帝台。

(八)

开山营雁塔,舍地构珠林;

仁风千古稀,寿域四时新。

僧攀延远眺,客到发孤吟;

知有王珣谊,高标可比君。

这座古塔犹如守护神和明灯,远远地守护着垾坦村,为村民指引着前进的方向。

仁寿塔为风水塔,主要作用是壮景观,固"地脉"。垾坦东侧山峰不够耸拔,起伏变化较小,越向东南方向山势越缓,为山脉余脉,最后变为平地。风水上把这种山叫作小龙。为弥补山势上的不足,周氏祖先在此建造耸立的风水塔来改变风水,为求吉祥,取名仁寿塔。这样既能改造地形,又能装点河山,美化风景。

仁寿塔与永龄塔合称女埠双塔。永龄塔六面五层,中空,立于下潘岩石上,建于明朝初年,高23米。永龄塔坐落在女埠下潘村,俗称前塔,属六角五级楼阁式砖塔,塔基用青石砌筑,塔身用青砖一丁一顺砌置,每层用平砖和菱角牙子相间叠涩出檐。顶层塔壁嵌有"永龄塔"青石匾,第三层石刻"岁瞻"二字。据传,下潘村地形如船状,所以当地百姓建造宝塔镇村,以求村子风调雨顺。

两村相连好像一条船,居高临下看两塔,一前一后,如桅杆,似船篙,定泊于群山之间。站在永龄塔下的山上,可望见东南山下下潘村之村形,前后尖,中间阔似船形。下潘村前岩山丘陵之上的永龄塔宛如船桅,而垷坦村山上的仁寿塔颇似船篙,状如撑船。在山上也可饱览垷坦村全貌格局、周边山水风景和田园风光,感受"十里兰花照春水,万亩油菜遍地金。谷雨前后采茶忙,五月枇杷正满林"的绝色风光。

三、寺庙

1.仁寿塔下——兰源殿

兰源殿位于垷坦村东侧入口处的仁寿塔下,建于清康熙丙午年(1666),三间两进,加上厢房共300多平方米。1948年被毁,2007年重建,2008年8月,关公、周三畏、岳飞和南海观音像完工,并举行开光仪式。兰源殿前进是垷坦村的百宝殿,后面供奉关公、周三畏、岳飞,后面边厢有南海观音塑像。其边上有一条古溪从殿边流过,有一棵500多年的古樟树,遮天蔽日。树下有一座兰源桥。桥上有兰源亭。此处风景独美。

2.白露山腰——忠隐庵

忠隐庵位于坞坦村背面露源村一山腰上,为南宋大理寺卿周三畏隐居之地。周三畏,南宋汴梁(今河南开封)人,隐居于白露山,卒葬于此。宋宁宗嘉定元年(1208)赐匾"忠隐庵"。民间有"周

忠隐庵

三畏挂冠"等故事。他在《说岳全传》中的文学形象非常令人尊敬。忠隐庵也叫忠隐祠,有田地四亩,中华人民共和国成立前有僧人管理寺院,在此办过私塾。后来忠隐庵被拆除。1999年,附近村民为纪念周三畏,自发筹款重建忠隐庵。2023年,由露源村村民张爱妹发起又重建了忠隐庵。

四、古桥

永庆桥:又叫大堰桥,在坞坦村进口处的塔山下,通向下潘,建于清康熙三年(1664),为周国敬独资建造。清代时期,古溪上有一座官堰。由于经常发洪水,阻挡了通往下潘的道路,周国敬为了做好事,捐资建了这座桥,命名永庆桥,意思为永久庆贺。由于此地有一座官堰,又把该桥叫作大堰桥。

跌马桥:建于明代万历年间,在虹霓山村五两平山下。五两平

山海拔152.8米,匍匐在白露山脚下。20世纪70年代,跌马桥被洪水冲垮,现在用石板桥代替。

这座桥因在太平天国时跌马而得名。

相传,在清朝咸丰年间,农民生活困难,起来造反。

后来,太平军节节败退,来到白露山下。朝廷派兵镇压。但是,每次他们从县城出发,走不了多久,总是哗啦啦地下起大雨来,官兵们不得不中途而返。

这一天,清兵首领决定再一次到白露山围剿太平军,并且发誓说:"此次不剿平叛逆,誓不罢休。"但是,人马走到半途,忽然又丽日失色,狂风大雨骤然而至。官兵只好顶风冒雨继续前进。来到五两平山下的一座桥上,清兵首领马失前蹄,连人带马跌落小溪,一命呜呼。

后来,这座桥便被称作"跌马桥"。

兰源桥:建于清康熙乙巳年(1665),在兰源殿东侧。

庆宁桥:又称老虎桥,建于明万历年间,在兰源殿前,由周汝翰建造并题词。明代时期,周昊考中

兰源桥

进士到江西浮梁当知县,后来他儿子周汝翰也到浮梁当知县,回家后捐资建造了庆宁桥。

紫亭桥:建于清朝道光年间(1821—1850),是通往郎山、建德的要道。

永丰桥:又叫下新桥,建于清康熙九年(1670),在村东面,通往

穆坞村,建造人为周国敬。清代时期,由于经常发洪水,阻挡了通往下潘的道路,周国敬在建了永庆桥后,又捐资独建永丰桥,意思为永远丰收。桥墩上刻有"永丰桥"三字,边上也有周国敬的署名。

永年桥:又叫杉树桥,建于清乾隆年间(1736—1795),通往建德市,建造人为兰谷公周子信。在通往建德的小路上,原来有一座桥,是一座十分简陋,仅用三根杉树与松树绑着建起的桥。周子信是个好人,有一次看见一个农妇在发洪水的时候过溪,跌倒在溪中,差点被洪水卷走,他奋不顾身地将农妇救起来。后来周子信就在这里建起了石拱桥,取名永年桥。意为年年岁岁永远有的桥。桥墩上刻有"永年桥"3个字。垾坦人叫习惯了,还是把这座桥叫作杉树桥。周子信,也被后人尊称为兰谷公。

兴桂桥:建于清嘉庆十一年(1806),在周氏家庙前,为村中石拱桥。

五、古井

村中有古井2处,分别为古上井、古下井,为元朝时期村民建造,是以前村民的饮用水源。

古上井位于村落西南方,周边有竹林,景色优美。

古下井位于村中小溪边,为一圆井,井内常年有水,水质甘甜。

六、古树

古樟树有两棵,一棵位于村口,另一棵位于兰源殿旁边。树龄500年,树高12米,冠幅20米。

古罗汉松位于周氏家庙内，为兰溪市古树名木，树龄400年。树高8米，冠幅7米。古桂花树位于周氏家庙内，为浙江省古树名木，树龄110年，树高8米，冠幅5米。

七、古墓与古居

周三畏墓：在女埠镇垷坦村附近，白露山北麓老鹰岩下西坞里五塘凹的忠隐岭下。陵墓建于南宋淳熙壬寅年（1182），明朝万历癸未年、民国三十三年（1944）、2011年重修。

民国三十三年，由周三畏裔孙重立，墓高1.5米，宽4.5米，坟首块石堆砌，坟碑上刻"宋大理寺卿周廷尉讳三畏公之墓"。墓基平坦，松木葱茏，深幽雅静。1991年坟顶留有盗墓坑，宽1米，深50厘米，有石头、木炭、砖石残迹。

2011年，墓园为周三畏后裔所重修。墓上有3副对联——"白露洪岩埋忠骨，濂溪旧地颂忠良""高风亮节不附奸雄，伸张正义万民歌颂""福地得天独厚，后人家旺路宽"。陵园三面环山，坐西朝东，墓周围花草茂盛，林木荫荫，苍松叠翠，红枫耀月，环境幽静，更有清泉流淌，堪称风景佳胜之地。更奇的是，有一藤绕树，好似讽刺秦桧之诡计。

我们在茫茫青山中，探寻着周三畏的生平、事迹、遗迹，联想起岳飞、范洵等忠臣，潜然泪下。从周三畏的墓地到其隐居之处，一路走去，人物的形象也跃入脑海，使人怀念起祖国的忠良。其子孙后代曾撰联怀念：

> 白露青山埋忠骨，西湖北畔跪倭臣。
>
> 岳飞战功垂千古，三畏忠心传万代。

舒元舆故居:位于垾坦村万罗尖山坳里,有田十余亩,名叫"花园坞",后称"舒婆坞"。村北有享堂基,为舒氏祠堂。

明万历二十二年(1594),内阁首辅赵志皋《上斯舒氏宗谱序》言:"……舒氏仲仁,先世东阳南田人,大唐时宦殁于兰,至元和时有讳元舆者,擢进士第,家于河西二十五里曰垾坦万罗山下居焉。历官御史中丞相,大和九年卒于甘露之变,归葬于惠安寺后老龙耳穴,壬山丙向,建祠白露山坳。匾曰乘仙庙。……祖母汤氏葬筑埭。父敬之,敕赠京兆郡宝婺乘安公,母薛氏,封妙母夫人,葬黄冈眠牛形……妻金氏,赔荣善夫人,俱有诰命可验。"清康熙四十五年(1706)同里汝南周敏求在序中写道:"余总角时,族之前辈尊长每道吾周氏祖厅未建之先,其基系唐宰相元舆舒公故居遗址,厅之朝山,为万罗峰,其下系舒之花园……"

从上述宗谱序可知舒元舆故居的真实地址。

第三章 明代两尚书故里渡渎村

女埠街道渡渎村距女埠集镇3.5公里,属黄土丘陵地带。村庄坐北朝南,甘溪河道从村庄北面自西向东穿越村庄流入兰江。村庄与白露山、虹霓山村隔河相望。清同治年间(1862—1874)分成东庄、西庄2个聚落,现在在原有村庄划分为渡一、渡二、渡三3个自然村的基础上,合并成一个行政村。北宋宣和二年(1120),始祖章三七因避方腊之乱,由淳安迁徙至该地,迄今已有900余年历史。全村90%的村民属于章氏家族。

渡渎村历史古建筑众多,有余庆堂、章氏家庙、枫山故居、尚书石牌坊、徵士第、正心堂、诚意堂、衍六厅、恭敬堂、和贵堂,古民居100多处。其中余庆堂被列为国家级文物保护单位,

章氏家庙

章氏家庙被列为省级文物保护单位。渡渎村古建筑在我国江南古建筑史上有着较高的历史研究价值。

该村为历史文化古村落,古建筑工艺精湛,规划布局科学,传

统文化气息浓厚,非物质文化遗产丰富,有龙灯、香鼎、木活字谱局等。其中古建筑中的"三雕",即石雕、木雕、砖雕是江南独特的艺术门类和传统文化的积淀,是历史资料的宝库。

渡渎村是明代南京礼部尚书、著名学者、教育家章懋及明代工部尚书章拯的故里。章氏历来都是以儒业武功、文韬武略而显赫于世的。在章懋、章拯之前,章得象为宋朝名相。

渡渎村,是江南农耕文化的缩影。章懋既是金华也是浙江的一代大儒。该村崇尚儒学,耕读传家,并且明确将其写入族规家训。受其影响,乡贤名人较多。据稽考,在明代270多年中,孕育出邑庠生23名、进士9名,赴任全国各地州府官职的有18人。几乎"户户仕奉官,科科出进士"。

渡渎村世居章姓,村民以种植水稻、棉花和果树为主业。

渡渎村名人辈出,最著名的要数章懋和章拯。

章懋(1436—1521),字德懋,号阘然翁,晚年又号瀔滨遗老,世称枫山先生,渡渎村人。自幼颖悟,10岁能文,15岁补博士弟子。天顺六年(1462)乡试第一,为解元。成化二年(1466)会

渡渎村民俗活动迎銮驾

试第一,为会元,赐进士。选庶吉士,次年授翰林院编修。宪宗将以元夕张灯娱两宫太后,命词臣撰诗进御。章懋与同僚黄仲昭等上疏力止,建议"省此冗费,以活流离困苦之民"。宪宗怒,廷杖之,贬临武知县。后改南京大理寺左评事。调福建按察司佥事,以饬纪尽职

为任,倡经商以富百姓,许采矿以绝盗源,减田税以轻民负。42岁辞官归里,奉亲读书。后开讲室于枫木山中,四方学者不远千里问道求学,门墙林立。章懋列传于《明史》,学生中也有4人列传于《明史》。弘治十四年(1501),起为南京国子监祭酒,六馆之士人人憾得师之晚。正德元年(1506),屡疏乞致仕不允,以病弃官归里。正德五年(1510),起为南京太常寺卿,次年改南京礼部左侍郎,皆辞不受。正德十六年(1521)夏,世宗即位,进南京礼部尚书,是年除夕卒,享年86岁。诏赠太子少保,谥文懿,赐祭葬,敕祀乡邑,赐祠额"崇儒"。毕生清廉,三子皆务农。其学以濂洛关闽为宗,是明前期理学主要传人之一。于书无所不读,于天下事无不理会,精究力行,议论多切实精当。尝谓"法无古今,便民者为良法;论无当否,利民者为至论",言必根志,志必先用,用必赴功。《明儒学案》谓:"金华自何、王、金、许以后,先生承风而接之。"著有《枫山集》《枫山语录》,正德年间主纂首部《兰溪县志》。

章拯(1479—1548),字以道,号朴庵,兰溪人,章懋之侄。弘治十五年(1502)进士,授工部主事,忤刘瑾,谪抚州通判。刘瑾伏诛,擢南京兵部郎中。累官至工部尚书。桂萼欲复海运,章拯疏陈得失,此议作罢。南北郊议起,章拯极言不可,从此失世宗意。嘉靖九年(1530)十一月十五日,坐郊坛祭器缺供,落职而归,不久令致仕。嘉靖二十七年(1548)正月卒,年七十。赠太子少保,谥恭惠。有《朴庵文集》。

目前,渡渎村被批准为中国传统村落。

一、章氏家庙

章氏家庙位于渡渎村东口，公路直达家庙门墙。章氏家庙始建于明嘉靖元年（1522）。《女埠镇志》："结构属四合院式，三进两厢，青石楼门，总建筑面积约850平方米。……现存门楼为明建筑，余为晚清风格，中庭高耸雄伟，雕梁画栋，青石立柱。"一进两侧柱上各有门神木雕；二进门第上方有敕赐的"崇儒"匾额，两侧柱上悬挂"文章紫殿无双客，富贵皇朝第一家"楹

渡渎章氏家庙

联，入内即为前天井，可见中庭，16根青石立柱，四角飞檐若虬龙腾飞，后天井立有章氏源流碑文；最后一进为祖考神灵寝室，梁上有"妥我先灵"的匾额。

《渡渎章氏宗谱》中说，当时渡渎为金华府兰溪县十六都第四堡，三七公移居渡渎，任该堡承事府君后，将祖坟迁至所居后墈山，又按阴阳、地形选择殁葬地，因墓地旧有合抱柏树，故名为柏树坟，今族人呼为柏树坪。后又在渡渎巽冈营建西山庙祀祖，以"梦笏世家"为庙号，其规模也较为宏伟。

至元末，历时200多年的西山庙，因战乱而遭毁。然年年岁首，族人仍往庙基肃拜，祈求太傅（章仔钧）庇佑，随处祀之，即可立应。

乡人商议重建西山庙。原庙供奉太傅公、练夫人仁义并隆,欲重建后加祀郐国公,左右两侧增添承事二府君三七公和曾三公,并扩建二祠:左祀土地神,以岁申祭社之敬;右祀八行董少舒公,以报其保宗族之恩。未料想,此议竟被官堰村的童某阻止,其曰:在空基地上重建庙宇,不如"专为章氏立祠堂也,统群族,上奉祖宗,下教子孙"。乡人闻之,觉言之有理,乃止重建西山庙之议。20世纪90年代,渡渎村村西新建一西山庙,供奉太傅公、练夫人、郐国公。

明成化年间(1465—1487),章懋辞准归田,意欲建祠,由于资金不足,章懋多方筹资,至1521年,终因经费无着,章懋含憾而逝,建祠是以中止。章拯继承叔父两大遗愿:建祠与修谱。翌年,即嘉靖元年(1522),时为工部尚书的章拯倡议建造祠堂:"……家庙及今未建,宁非谦欤?愿尊长暨诸儿曹,协谋协虑,精壮期尽力,富厚毋惜财。族大以蕃众,擎易举百年。……若有异心,非我族类。"

倡议一出,一时富者出财、能者任事、壮者效力,各房各户纷纷出银、出砖、出木,共筹得银两及砖木折银196两6钱,于是开始卜地辟基建设。章贽(1486—1530),字思敬,号素庵,嘉靖元年进士,鼎力相助族兄章拯规划建祠。因当时所筹资金有限,故先建造了后堂五楹,以"聚祖考神灵"。由于尽心建祠,协赞尤力,贽公不幸早逝。虽章氏家庙未及完美,然祖考皆已入寝,后裔祀供有所。

后堂既成,然贽公兄章赟[(1477—1535),字思恭,号后山]日夜忧惧,怕30年后栋宇朽坏,恐伤先人神灵,反复多次与族众谋划,再建前厅以饬堂宇。

因先人神灵寝室初成,族人耗损元气未复,故暂停以待休整。10余年后,赟公、拯公相继去世。贽公之子章适、章述、章迈均中了进士,又倡议建祠,此次共募集了数倍于前的钱财,因而建筑规模甚大，又建前厅五楹、两旁厢楼、大门、牌坊、祭台等。厢楼奉藏祭器，砖壁垣墙通侧户以便往来，辟大门以表出入，青石楼门高约7米，门前有极为显赫家族才能修砌的两步半台阶，门两侧有门当，青石门面上有"章氏家庙"4个大字，上有品字形的3个斗形飞檐，中间有"惇睦"二字。至此，一个栋宇巍峨、规模宏阔的章氏家庙终于建成。

章氏家庙为兰溪境内首建祠堂，其巍巍具瞻，为人所仰望。后裔子孙引以为荣。

清同治年间，太平天国洪秀全所部杨秀清率军进入兰溪，盘踞在渡渎所在乡数年。因战火，民房均被焚毁，家庙亦不幸遇难，遭火焚无遗，仅存义报三间，一时"颓垣破瓦棘地荆天，令人不胜黍离之感"。随后，虽多次久拟"欲克复旧观，然人民经凋敝之余，元气未复，且祠产不多，筹措不易"而未能如愿。清同治庚午年（1870），族人再兴倡议募资，首先重建了后堂五楹。又经过10余年，前厅及两厢陆续重建完成。然至光绪丁酉年（1897）开始纂修宗谱时，中庭仍然无力修复。至1909年，有族人倡议"除春冬二祭外，所有胙肉悉免颁给，留为建中庭之用，再向族中殷足之户捐资"，终于在宣统庚戌年（1910）中庭告成。此次重建，历时40年，耗资2000余金，可见"天下事，毁之则易，成之甚难也"。

二、余庆堂

余庆堂，坐东朝西偏北22°左右，是"衍二公"祖居，明洪武年间所建，为兰溪市现存最古老的木构建筑之一。该建筑由门厅、正厅、过厅、后厅和厢廊组成，根据山面出际分析，初建时均为悬山顶,山墙可能是清代加建的,形成左右两夹道的现状。门厅面阔五间,进深七檩,正中三间屋檐高于两梢间,屋顶用双层橼条覆盖,露明部分为"M"形勾连搭式造型,别具一格。厅内明间置活动式戏台,其梁架用抬梁式,五架梁对前双步,月梁断面瘦高,雀替、枫拱等纹饰古朴,次、梢间穿斗式,童柱底端制成鹰嘴状,次间前檐额施一斗六升斗拱各一攒,明间在内额施一斗六升斗拱两攒,次、梢间的后檐还分别施五踩重翘、三踩单翘斗拱各一攒,拱瓣三砍明显,耍头成象鼻状。过一狭长天井为正厅,面阔三间,进深九檩,用材精良,雕刻简洁,前檐有牛腿撑托,明间内额悬"余庆堂"横匾,梁架为抬梁式,五架梁对前后双步,次间前后内额、脊檩下的襻间用一斗六升和一斗三升斗拱各两攒,梁架为抬梁穿斗混合式,所有柱子柱头卷杀饱满,瓜棱形栌斗,骑栿拱沿顺檩方向出单跳,柱础为磉形,方砖斜铺墁地。过厅三间连接正厅和后厅,形成"工"字形布局,正间顶部设天花藻井,四周用十二攒斗拱撑托,七踩三翘并出45°斜拱,过厅左右廊檐用一斗六升斗拱,厅外各辟小天井。后厅面阔三间,进深七檩,楼屋,除前后廊用月梁外全穿斗结构,侧角明显,明间檐下有"应二府君"匾额,西南山墙有楼道通上层。余庆堂外另有明代古井和石狮。1992年被公布为兰溪市文物保护单位,2005年被公布为省级文物保护单位。2013年被批准为第七批全国重点文物保护单位。

三、枫山书院

　　章懋于明成化十三年(1477)十月,上疏乞归田里,奏准致仕。十九年(1483),讲学于枫木山,后称"枫山书院"。四方从者如云,张昊、董遵、凌瀚、陆震、姜麟、姜芳、唐仁、唐龙、黄傅、郑绪、寒溪子、俞涝、黄迪等邑贤达士,多出自其门下。

弘治元年(1488),朝廷新政求贤,林沂、姜洪、王鉴之等推荐章懋出山,催督吏部授任,章懋辞免。至弘治十四年,其间三授三辞,不允,只得接任升南京国子监祭酒。是年二月父卒,因孝在身,具奏待服满到任。

章懋非常注重年轻人的培养,曰:"古人壮而仕,老而休,理之常也。区区四十二而归休,今年六十有四而复欲求出,事行逆施,莫有甚于拼者,岂不贻笑天下乎?"然而,章懋博览古今,为官从政尽显才智,故朝廷坚持请其复出。弘治十六年(1503),吏部催章懋到任。八月赴任,时年68岁。

四、章懋故居

章懋自幼读书,强于记忆。成化二年会试第一成进士,选为庶吉士,次年授翰林院编修。因直言进谏而仕途坎坷,逝后追赠太子少保,谥文懿。

章懋虽居高官,却一生奉行"以便民为法,以利民为论",忠君忧国,两袖清风。谢世后未给幼小之子章接留下一星半点财产。章懋谢世2年后,金华知府王九峰具奏云:"章懋,秩虽荐加官未久,仕俸禄仅赡朝夕,未曾置买田产,遗孤一人及妾,零丁穷居,衣食无资。行令兰溪县仓,月支食米二石,以资养赡,待后章接出幼,其力足以自办,将来住支。"旨准月给米二石,养赡少子章接。

章懋故居为章懋在世时所居住过的房屋。从其故居的简陋可以看出章懋的清贫。

第四章 宋驸马刘文彦后裔
聚居地虹霓山村

　　兰溪市女埠街道虹霓山村,位于兰溪市区西北部,距兰溪市区约15公里,仅需半小时车程。村落后枕白露山,前临甘溪,整体环境优美。村前有大片良田,黄店至女埠公路从村前经过,交通便利。现有人口2700余人,800余户,绝大部分为童姓。

　　虹霓山村原来的村名叫黄冈村,因为一次特殊的气候现象——雨后初晴的村后青山如虹霓盘踞而易名为更具诗情画意的虹霓山村。虹霓山村依山傍水,山是白露山,水是甘溪,位居高丘,形如寿龟,象征着村落长盛不衰,万世流传。其中乌龟的头位于村的西北角,东边的建筑便是乌龟的尾部,西边的零星建筑成了乌龟的四肢。现在,西边新建了许多建筑,打破了原有的乌龟形状,鹅卵石路面尽毁,改修了水泥路面,以至于村形水势改变很大,但仍能大致体现古村原有布局形态。周围又有广袤的农田环抱,可谓风水宝地。

　　虹霓山村历史悠久,历代村民以耕读传家,为古时纯孝乡的四大望族之一。北宋太宗太平兴国年间(976—984),该村始迁祖童德十一公讳徽者自睦州寿昌八鼓桥迁来发族。据《黄冈童氏宗谱》记载,南宋时驸马都尉刘文彦四世孙字大仁行元七者,以幼子以甥继童氏舅,更行仕一。后刘氏门祚衰微,又以童氏继刘,所以该村刘、童合谱,二姓实为一姓。

虹霓山村在清咸丰年间遭遇太平天国兵火,村中大部分建筑毁于一旦。如今连绵成片的数百幢古屋多为清同治、光绪年间重建,祠堂建筑有童氏宗祠(世美堂)、亦政堂、崇本堂、景福堂、积庆堂、衍庆堂、毛脚厅、塘脚厅等,民居多为浙西的三间两搭厢式、对合院式、前厅后堂式等,注重木雕装修,文化内涵厚重。2006年虹霓山村被评为浙江省第三批历史文化名村。2013年被评为第二批中国传统村落。

走进虹霓山村,随处可见的沧桑感与原生态是其他古镇名村所望尘莫及的。村中地势高低起伏,厅堂民居错落有致,棋盘式布局的空间序列、鹅卵石铺设的街巷台阶、粉墙黛瓦的封火山墙,每一处都透露着古朴与典雅的气息,那些耄耋老人朴素的穿着、和蔼的微笑,还会在不经意间让你感到一种温暖。

虹霓山村古建遗存众多,街巷分布合理,村落传统格局及风貌保存完好,村内道路为棋盘形格局,随山势高低起伏,村形如龟,南头北尾,以世美堂为中心。

一、童氏宗祠——世美堂

世美堂始建于宋代,重建于清代,为该村童氏宗祠,雕刻精美,规模宏伟。村中建筑平面类型以对合楼、三间西搭厢、三进两明堂和前厅后堂楼为主,技艺精巧。世美堂坐东朝西偏北40°,在门前有照壁。明间面宽4.9米,进深7.7米。中进明间进深13.7米,中缝梁架为六柱十三檩。中进磉板为红石质,形制巨大,当为宋元遗物。现存建筑物为清末重建。其建筑形式与细部特征因建造时期

世美堂

不同而有细微变化,但总体上又有其独特的地方风格,与典型的江南民居风格比较,虽同属粉墙黛瓦,但虹霓山古村落的古建筑在细部装饰及建筑结构等方面又融入了独特的地方特征。

影壁为一字形,下设石质须弥座,主体为砖砌,正面有仿木结构呈现,两柱单间,平身科两攒,与柱头科同为一斗六升,檐下有叠涩砖,正脊两端饰鱼吻,宝瓶居中,瓶插三戟,2004年村中修谱时在影壁上墨书《黄冈雁门童氏先祖光辉史迹》。门厅面阔三间,进深九檩,石柱木梁,素面圆作直梁造,明间抬梁式,五架梁对前后双步梁,次间穿斗式,山柱落地,所有檩下替木处有阴阳鱼眼图案的枫拱装饰,前檐半开敞式,明间设廊栅,抱鼓石置于前金柱,檐柱头用月梁形额枋连接,各间额枋正中雕刻三国演义人物故事,其上设平身科各两攒,牛腿为狮子与人物造型,后檐敞开,牛腿为仙鹿与人物造型。两廊各两间三檩,人物牛腿。正厅面阔三间,进深十一檩,石柱木梁,扁作雕花直梁造,明间抬梁式,五架梁对前后双

一字形影壁

步再单步,次间穿斗式,山柱落地,前后檐均为开敞式,分别装饰人物牛腿和回纹牛腿,后金柱之间用屏风门,根据需求可闭可合。寝堂地势高耸,为复建之物。世美堂木雕精湛,屡遭盗贼破坏,四只最精美的牛腿失窃后已换成新作,虽然同样活灵活现,但与原物相比已失色不少。祠堂中有一株400年高龄的桂花树,10月之后必定满院飘香。

二、亦政堂

亦政堂主轴线由门厅、正厅、穿堂与寝堂组成。三进均面阔三间,进深七檩,月梁造,明间抬梁式,五架梁对前后单步梁,次间穿斗式,山柱落地,檐柱牛腿为简洁的"S"形,鼓状柱础,但有正厅明间后

亦政堂

檐柱用高耸的硕形加鼓状柱础,别处未见,有较好的防水效果。门厅做法与崇本堂相比稍显繁缛,在前檐柱上伸出木构单檐歇山顶门楼,玲珑剔透的花脊吻兽、粗硕饱满的骑门梁、象鼻昂斗拱与牛腿的上下组合,遗留了明末清初的做法。

三、崇本堂

崇本堂主轴线上依次为门厅、正厅、穿堂与寝堂。门厅面阔三

间,进深七檩,扁作直梁造,明间抬梁式,五架梁对前后单步梁,次间穿斗式,山柱落地,前檐明间用板门和槛窗,额枋上置平身科两攒,柱头用斜牛腿,檐柱两侧设八字墙门,砖构仿木做法,

崇本堂

后檐明间有浙西常用的活动式戏台,牛腿用回纹。两廊各两间三檩,仙鹿牛腿。正厅面阔三间,进深九檩,石柱木梁,扁作雕花直梁造,明间抬梁式,五架梁对前后双步,次间穿斗式,山柱落地,前檐开敞,装饰狮子牛腿,后檐明间用屏风门,次间砖墙封合。穿堂单间五檩。寝堂面阔三间,进深五檩,穿斗式,用材纤细。

四、积庆堂、景福堂、塘角厅、毛脚厅

积庆堂、景福堂、塘角厅、毛脚厅也是重要的房派支祠大厅建筑。

积庆堂门楼为四柱三间三楼砖仿木牌楼式,内部未进。

景福堂前后两进,门厅为三间楼屋,正厅同为

积庆堂

三间,进深九檩,回纹扁作直梁造,明间抬梁式,五架梁对前后双步梁,次间穿斗式,山柱落地,金柱用八棱形柱础,但与柱形不符,

疑似当年偷梁换柱之举。

塘角厅为晚清建筑，前后两进，未能入内。

毛脚厅为单幢楼屋，面阔三间，进深七檩，抬梁穿斗混合式，底层明间用月梁连接各柱，石库大门设前金柱间，次间檐柱间用槛窗，二楼设前廊，用擎檐柱，柱间有栏杆，牛腿、雀替及梁架节点处体现了明式做法。村民称其为祖屋，可见其年代久远。

五、古井

黄冈山南侧有一古井，深四丈余。相传清咸丰年间，太平军围攻白露山之时，天大旱，池塘枯竭，山涧断水，数千避难人，昼夜轮流汲水解渴。据说，古井为宋时所建，并有一凿井传说。

虹霓山先祖，为解村民用水之艰难，请当地风水先生查勘井址，选定在黄冈山南侧的坡地。井土下层岩石深厚，挖至四丈不见滴水，先祖认为风水先生妄言难信，遂辞退之。风水先生行至渡渎山岗，观察地脉走向，确认所选无误，重返黄冈家，恳请主人，让其于井底睡一夜。夜深，闻岩下有水声，随即在井底划一槽形，天明上井，求主人派工再凿石两尺，先祖召集家人商议，与其畏惧艰难，半途而废，不如锲而不舍，下定决心。家人凝心聚力，不分昼夜，专凿岩石。三天三夜后，泉水喷涌而出。不一日，泉水冒至井口。先祖自认愧对风水先生，谢以重金。

通过此掘井之事，先祖感触颇深：凡事不可浅尝辄止，半途而废；居家孝悌，齐心协力；妇贤家和，勤不怨其劳。于是，特立家训三条。

一、毋怀私以妨大义，毋懒怠以毁成功，毋奢靡以肖囊，毋越规以干法纲，毋自尊以形骄慢，毋扬恶以失忠厚。

二、男训：居家孝悌，处事仁慈；凡所以济人，所以方便者是也。不但倚己之势以自经，取人之财以自富，凡所以欺心，所谓刻落者是也。积善之家必有余庆，不善之家必有余殃，世事孙孙，各宜自省。

三、女训：妇贤家和。贤者，奉公婆以孝，事夫君以敬，处妯娌以和，扶子侄以爱。勤不怨其劳，俭不失于理。妇为内助，克举家和，家道乃成。不贤者，漠视公姑，仇视妯娌，欺慢夫君，忍心诸幼，狠戾妒恶，翻拨是非，家门兴替，实于此。

村民在井旁立碑，曰"喝水不忘掘井人"。此井历数百年，今犹存。现在村民繁衍生息已有2700余人，均以族规家训为准则，成为当地大村。

第五章　诸葛亮后裔聚居地诸葛八卦村

　　诸葛八卦村(以下简称"诸葛村")位于浙江省兰溪市境内,市区偏西 17.5 公里,330 国道从村的东侧通过,通往龙游、衢州的省道从北侧通过。在五代时诸葛亮十四世孙诸葛浰宦游山阴(绍兴)后任寿昌县令,卒于寿昌。其子诸葛青由寿昌徙往兰溪西陲砚山下,传至南宋末年二十八世孙诸葛大狮,因原址空间狭窄,觅得地形独特的高隆岗,不惜以重金从王姓手中购得土地,以先祖诸葛亮九宫八卦阵布局营建村落。从此诸葛亮后裔们便聚族于斯、瓜瓞绵延。到明代后半叶,已形成一个建筑独特、人口众多、规模庞大的村落,村中现有诸葛亮后裔约 4000 人,这里是全国最大的诸葛亮后裔聚居地。

　　诸葛村整个村落以钟池为核心,8 条小巷向外辐射,形成内八卦,更为神奇的是村外 8 座小山环抱整个村落,形成天然的外八卦。村落布局结构清楚,厅堂、民居形制多、质量高,宗祠的规模宏大、结构独特,各种建筑的木雕、砖雕、石雕工艺精湛,建筑豪华,结构丰富,古建筑总面积达 6 万多平方米。村内地形跌宕起伏,古建筑群布局合理,连绵起伏。村中水塘波光粼粼,竹木茂盛,巷道纵横,错落有致。村落景观多样而优美,既有鳞次栉比的古建筑群,又有环水塘而建的古商业中心,全村形成了一个变化丰富而统一的整体。专家学者们称其为"江南传统古村落、古民居典范",认为是目前全国保护得最好、群体最大、形制最齐、文化内涵很深厚的一个古村落。

诸葛村古建筑群

1996年诸葛村被列为全国重点文物保护单位。

徽派建筑的特色主要体现在村落民居、祠堂庙宇、牌坊和园林等建筑实体中。建筑风格最为鲜明的是大量遗存的传统民居,从选址、设计、造型、结构、布局到装饰美化,都集中反映了徽州(今安徽省黄山市及周边地区)的山地特征、风水意愿和地域美饰倾向。而位于兰溪市诸葛镇境内的诸葛村就集中体现了徽派建筑的风格,且体现得活灵活现。

诸葛村的徽派建筑风格不仅体现在房屋厅堂肥硕的梁柱、错落有致的马头墙等方面,更集中体现在其独特的山水造型——内外八卦以钟池为核心的结构特征上。

在诸葛村,一切都保持着淳朴的民风——古老的建筑、原始的农作、简单的生活方式,而诸葛村最神奇之处,当数被称为中国一绝的九宫八卦布局。诸葛大狮"聊天道,舆地理",是位出色的堪舆学家。他在建村前四处踏勘的过程中来到高隆,发现这里极符合形势宗的理想模式。他在高隆安家落户后,运用自己学到的堪舆学知识,按九宫八卦构思,精心设计了整个村落的布局。村子的中心是钟池,那是一个按太极图的形状砌成的池塘。半边是水,为阴;半边是陆,为阳。两面各设一口水井,形成极具象征意义的鱼形太极图。池水终年不干,清澈见底,至今依然是村民生活用水的重要部分。以钟池为核心,周围构筑的8条小巷向四周辐射,使村中的所有房屋自然归入卦位。丞相祠堂、大公堂、奎睦堂等均围绕钟池按"坎""艮""巽"等八卦方位排列,8条小巷使村庄形成内八卦。各家各户,面面相对,背背相依,巷道纵横,似通却闭。更为神秘的是村外8座小山环抱诸葛村,构成天然的外八卦阵形。当然人们也会自然地联想到诸葛亮的"八卦阵",诸葛村亦可能是根据"八阵图"来设计布局的。村内房屋分布在8条小巷中,虽然历经几百年岁月,人丁兴旺,屋子越盖越多,但是九宫八卦的总体布局一直不变。这正好说明村落创始人善于选择地形,根据周围自然环境与屋宇井巷配成双重八卦,充分反映出创始人的非凡艺术与精心构思。据说,这是中国第一个以八卦布局的村庄。整个村子就是一个巨大的活文物,是中国古村庄与古民居完整保留的典范。

诸葛村古建筑(一)

目前,村内的明清两代房屋多达200余座,其中大小厅堂18座、庙宇4座、石

诸葛村古建筑(二)

牌坊3座、花园别墅2座。这些古建筑中,最重要的要数大公堂与丞相祠堂。大公堂是江南唯一的武侯(诸葛亮死后谥忠武侯)纪念堂。丞相祠堂始建于明代万历年间(距今400多年),是诸葛氏族的总祠。

一、丞相祠堂

丞相祠堂占地将近1400平方米。祠堂建筑规格高,形制也很别致。门庭、廊庑和供奉诸葛亮的享堂,组成了一个"口"字形,而在"口"字正中,又造了一个非常高大的正方形"中堂"。大厅面

丞相祠堂

阔五间,进深三间,建在约1米高的台基上,脊高10米,翼角高翘,木构件上雕刻十分细致。中庭4根大金柱,诸葛后人特意取用了4根直径约50厘米的松木、柏木、桐木、椿木制成,以谐音来表示"松柏同春"的祝愿。廊檐则用青石方柱,共44根,更显得庄严肃穆。廊庑里供奉着诸葛氏族14位先贤塑像。从中庭向后,地势陡然高耸。从两厢拾级而上,享堂左右筑有钟楼、鼓楼,享堂上则供奉着诸葛亮坐像,羽扇纶巾,英姿勃发,一个"运筹帷幄之中,决胜千里之外"的圣贤形象。堂上有厚重的长供桌,专为祭祀之用。每年的农历四月十四、八月二十八及冬至日,亦即诸葛亮的生辰、忌日和民间祭祀日,诸葛村的村民都要在这里举行盛大的祭祖庆典活动,

怀念先祖盛德伟业；每当诸葛氏族中有重大事情，如历代子孙考中举人、进士或升官等，都要在这里先行祭祖，以告慰先人。

祭祖迎会

丞相祠堂的门屋、寝室、两庑尺度规模疏密得体，装饰简朴。这些建筑物围合成一个宽23米、深18米的方形院子，院子正中是轩昂壮丽的中庭。中庭五开间(16.6米)，进深三开间(9.2米)，是歇山顶敞厅。檐柱和山柱都是青石方柱，脊檩高8.9米。中庭的梁架宏壮且华丽，雕饰十分丰富。大梁上浅刻浮雕图案，蜀衔柱左右有猫梁，柱头上有牛腿，梁端之下有梁托，都是精雕细刻。猫梁上的浮雕九狮图，构图饱满，一撮撮的鬣毛根根清晰，卷曲有致。正脊上原装饰着雕砖的行云游龙、白鹤净瓶，"文革"期间被拆。这座中庭无论在尺度上、规模上还是形制上、装饰上，都与周围朴素的廊庑、寝室和门屋形成很强烈的对比，愈加显得庄严高贵。丞相祠堂的中庭、寝室和门屋都是五开间。据《清朝文献通考·群庙考》记载，三品以上高级官员的宗祠大堂可用五开间，台阶五级。丞相祠堂的规格相当于三品以上高级官员的宗祠，这显然是按诸葛亮汉相的身份来定形制和规模的。

兰溪市诸葛镇诸葛村是全国最大的诸葛亮后裔聚居地。诸葛亮(181—234)，字孔明，琅邪阳都(今山东沂南南)人，三国时期蜀汉丞相，中国历史上著名的政治家、军事家、散文家、发明家。诸葛亮青年时耕读于邓县隆中(在湖北襄阳)城郊，地方上称其卧龙、伏龙。受刘备邀请出仕,后随刘备转战四方,建立蜀汉政权,官封丞相。223年刘备死后,刘禅继位为蜀汉皇帝,诸葛亮受封爵位武乡侯,成为蜀汉政治、军事上最重要的实际领导者。234年逝世,享年54岁,辞世后被追谥为忠武侯。后世常以武侯、诸葛武侯尊称诸葛亮,他是中国传统文化中忠臣与智者的代表人物。

诸葛亮家训流传至今,为民间所传唱,有口皆碑。其内容有:

其一,远观山色年年依旧常青,近看人情朝朝不如往日。花开时蜂蝶聚,人困时亲朋疏。茶朋酒友日会三千,有事相求百中无一。吾生志愿积善读书,不敢望名声动地,不敢望富贵惊天,不敢望一言定国,不敢望七步成篇,不敢望珊瑚树高百尺,不敢望琉璃瓦盖千层;但愿父母康健夫妻偕老,兄友弟恭子孝孙贤,无荣无辱骨肉团圆。采茶青山之上,钓鱼渭水江边,无忧无虑在眼前。一日平安一日福,一日快乐一日仙。家不缺粮灶不断烟,茅舍不漏布衣常缠。退一步依然儒雅,让三分快活神仙。青天不管人闲事,绿水何能退是非。交有道之朋,绝无义之友,饮清泉之茶,戒乱性之酒。学有二三事之能,终身用之有余,平生之愿至此足矣!

其二,诫子书。

夫君子之行,静以修身,俭以养德。非淡泊无以明志,非宁静无以致远。夫学须静也,才须学也。非学无以广才,非志无以成学。淫慢则不能励精,险躁则不能治性。年与时驰,意与日去,遂成枯落,多不接世,悲守穷庐,将复何及!

其三,诫外生(外甥)书。

夫志当存高远,慕先贤,绝情欲,弃凝滞,使庶几之志,揭然有所存,恻然有所感。忍屈伸,去细碎,广咨问,除嫌吝,虽有淹留,何损于美趣,何患于不济。若志不强毅,意不慷慨,徒碌碌滞于俗,默默束于情，永窜伏于凡庸，不免于下流矣！

诸葛亮后裔遵照诸葛亮遗训，崇尚礼仪，使得村里安定祥和，因而感动了皇帝。元朝元贞年间（1295—1297），兰溪由县升格为州，成宗皇帝派蒙古人怯失烈（字吉甫）任兰溪州达鲁花赤监州。吉甫到兰溪后，看到这里百姓安定，民风淳朴，敬老爱幼之风盛行，已经成为一种习俗，于是便奏请皇帝。成宗帝诏赐天下："高年九十者，年赐帛二匹；八十者年赐帛一匹。君周历境内，虽穷山绝壑，悉临其家，手授之帛，且召其子孙而勖孝焉。"

如今，诸葛村建立起民俗文化馆等一批爱国主义教育基地，在中小学生中开展学唱《诫子书》活动，诸葛亮的遗训成了兰溪一带百姓的座右铭，文明风尚在此代代相传。

二、大公堂

据《高隆诸葛氏宗谱》所载，大公堂为始迁祖宁五大狮公所建，时间约在南宋末年。历经修葺，规模有所扩大，民国十九年（1930）大修过一次。1991年

大公堂

大公堂后进基本倒塌，为重修大公堂，由村委会发起，向全国各地和海外的诸葛亮后裔筹款。1992年大公堂重修完工。大公堂为五进三开间，前进和中堂都是大三开间，最后一进供奉诸葛亮的神主画像。大公堂建筑面积达700多平方米，大门牌楼式、中央歇心

式,屋正脊高约10米,4个翼角高翘,上层几乎与屋脊齐平,檐下用斗拱,黑柱朱楣,重楼叠阁,是全村外观上最为华丽、最为醒目的建筑。正门上有"圣旨"匾额一块,横匾为"敕旌尚义之门"。据《高隆诸葛氏宗谱》记载:明正统四年(1439),武侯公三十二世孙诸葛彦祥捐谷1121石用以赈济灾民,英宗皇帝为褒奖他的义举御赐这两块匾。这在当时是极高的荣誉。大门两边"忠、武"两个大字,是诸葛亮生前被刘禅封为"武乡侯",逝后被追谥为"忠武侯"之意。

大公堂位于村落中心,坐北朝南,前面就是八卦阴阳鱼形的钟池。钟池边上有一道墙,面对大公堂的一面是一幅大八卦图,背面是一个"福"字。

此外,村内的大经堂(中医药展览馆)、草药园、民俗展览室等,都能令人开眼界、长知识。

三、民居建筑

诸葛村的民居建筑是构成该村落的基本部分,其数量远远超过宗祠建筑。南宋末年,诸葛亮二十八世孙诸葛大狮以其精通堪舆学的独到眼光,四处踏勘,选定地形独特、具有象征意义的高隆岗(谐音"卧龙岗"),不惜重金购置,亲自规划,举家定居后,逐步繁衍发展成一个聚族而居的血缘村落,诸葛氏成了浙江中西部地区的名门望族。随着家族的扩大、宗派的繁衍,诸葛村的民居建筑也越来越多。但这些民居建筑都没有超出诸葛大狮最初的布局构思。据《高隆诸葛氏宗谱》记载,诸葛氏历代后裔建造房舍,都是"确守先训,不以改图",即围绕宗祠建筑,有序地安排民居建筑。由于诸葛村的地形中间低、四周高,初时的宗祠建筑已占据了中心位置,所以民居建筑基本围绕宗祠建筑逐步向外发展,因此出现了高低错落、鳞次栉比的状况,甚至连巷道也是高低不平、蜿蜒曲折的。

诸葛村民居建筑的基本形制与浙西、皖南、赣北民居建筑的形制大致相同,都是独立、封闭、内向的小天井院落,但诸葛村的民居建筑却有着非常明显的特色。从现存的明清民居建筑看,大多数住宅适应商人们的生活方式,反映着他们的文化品位,这是因为诸葛氏后裔的经商意识较强。据《高隆诸葛氏宗谱》记载,诸葛大狮迁居诸葛村后,一方面精心布局村落,另一方面又积极鼓励子孙遵从祖训,承传世业,经商致富,繁荣家族。他的两个孙子尽管服公役四处奔波,却打破陈规兼做买卖。据《高隆诸葛氏宗谱》记载,从明代中叶到清代,诸葛氏族人"远而经商者比比皆是""运输贸易半个中国",尤以诸葛药业"驰名浙东",堪称"商战之雄",诸葛氏因经商而"卓然自立,声施燊然"。

经商发家后的诸葛氏族人当然要置田造屋,以便荣宗耀祖。因此,在修建住宅上较为讲究,把外地住宅的建筑形制、装饰风格融入自家的住宅建筑中。但由于受村中地势的限制、传统农耕文化的影响,以及族中文化人不屑"末业"的舆论干预,富裕人家的民居建筑也不敢过分张扬,只是一家一室自成结构,而且基本上都是传统的耕读文化风格。但在安全性上加大了防范力度,住宅院落外墙越建越厚,防盗设施越来越考究,内部装饰也越来越精细。诸葛村的明清民居建筑精巧、对称,大多数民居以三间两厢一天井为主,条件更好的,则建四合院,最大的住宅是三井两明堂,但这种形制在诸葛村数量不多。大大小小的民宅一律是青砖灰瓦马头墙,大多数民宅都有大小不同的私家花园。装饰上,门面较气派,青石柱,门梁顶上加装饰,内屋梁柱结实,横梁、牛腿、窗格雕刻讲究,精美华丽。一般雕有福禄寿喜、虫鸟花草、五谷丰登、六畜兴旺等,较有文化的,则雕刻渔樵耕读、琴棋书画、笔墨纸砚、八仙过海等,体现出传统的农耕文化的特色。而较多的人家,特别是在外地经商发财而归的大户人家,其住宅雕饰则毫不掩饰地显示出商业文化的气息,最常见的是细木窗格嵌着以钱串子为题材的雕饰,花板上则刻着聚宝盆。家庭神龛除供奉先祖外,还供奉财神爷像。

富足且受过良好教育的诸葛氏族人,倦游知返,筑室乡居,在精心营造的、体现耕读文化特色的自家住宅中过着安逸知足的生活。他们种竹栽花、吟风咏月,把民族文化中的山水情怀和田园雅趣融进日常生活中。他们缅怀祖先,恪守家训,勤耕苦读,淡泊宁静,把世代传承的家族文化体现在家庭陈设和装饰之中。家家户户的中堂都有具备传统家族文化色彩的对联,一般都是缅怀先祖业绩、赞颂先祖美德的内容。而大门对联的内容则相对宽泛,除了缅怀先祖业绩、赞颂先祖美德外,有些是老套的内容,带有些书卷气,如"不须著意求佳境,自有奇逢应早春""闲观春水心无虑,坐听松涛气自豪"等。不少则反映出市井文化特色,显示炫财祈富的心态,如"春到百花香满地,财来万事喜临门""户纳东西南北财,门迎春夏秋冬福"等,而且门联下方、门钹外侧,会贴有一对用金箔或银箔纸剪成的元宝,有的还在元宝形轮廓里剪出"喜鹊登枝""龙凤呈祥"之类的图案。门框的两侧抱柱上,还会挂上一对木雕的葫芦形或花瓶形的香炉,正面往往刻有铜钱形状。诸葛村民居建筑的农耕文化与市井文化的交会融合,反映了诸葛村由血缘村落向地缘村落过渡、由农业社会向商业社会转化这一历史进程,具有浓郁的文化色彩和鲜明的时代特色。

诸葛村位于浙江金华地区的兰溪西北,与衢州地区的龙游、杭州地区的建德交界，是往来三地的交通要道。诸葛村的始迁祖诸葛大狮在南宋末年迁来时，诸葛村附近的广大农村还处在自然的农业耕作状态，没有商业。由于诸葛村处于周边农村的中心位置，诸葛氏族人素有经商传统，加上诸葛村地势高，缺雨易旱，不利农业，子孙们在定居诸葛村后不久，即利用诸葛村水陆交通之便，开始制药、贩药，经营药材生意，突破了当时以商业为"末业"的传统观念的束缚。大批族人长期外出经商，积财归来，提高了家乡的消费水平，于是诸葛村的商业很快发展起来。诸葛村最早的商铺出现在靠近过境大道的地方，主要经营药材，逐渐吸引了外地商人。街上人流增多，诸葛氏族人又利用沿大道住宅，陆续开设了为客商和过客服务的茶馆、饭店，之后又出现了多种杂货店和手工作坊，供应远近居民的日常生活。于是大道从原来纯粹的交通线路发展为商业街，并且形成了农历每月初一、十五的集市，称为"高隆市"（高隆是诸葛村的古称）。到清代初期，高隆市成了附近十几里范围内最大的商业中心。随着商业建筑的增多，高隆市东北的上塘一带，也出现了零散的商铺，后来高隆市毁于战火。按照江南农村的习惯，火烧房基在数年内不能建房，因此，原先在高隆市经商的族人纷纷外出经商，入城拓业，高隆市房基抛荒。而上塘一带损失较小，于是商铺店面逐渐增多，进而取代了高隆市，成了繁华的商业区。据《高隆诸葛氏宗谱》记载，在清代末期，上塘商业区有200余家店铺。

诸葛村的商业建筑主要有3种类型。

一是排门式。沿街而建的小店以一开间门面一进的为多，进深五六米。这类店铺一般为两层，下层营业，上层供居住、储藏。条件较好的店铺有两、三进，中间有小天井采光，前进开店，后进为作坊或住宅。为方便营业,沿街店铺一般为排门式,店铺的楼层则微微挑出木板墙,有利于遮雨。窗下有装饰性的花格栏杆,上下层的牛腿和骑门梁刻有含商业气息的蝙蝠衔线、古老钱串、元宝、聚宝盆等图案。不少店铺为了美观,还把门面漆上朱红色。沿街店铺一家挨一家,形成连排铺面,为了防火,中间有封火墙分隔。排门式店铺尽管有装修粉饰,但建筑规格较粗陋,店内的梁柱细而弯曲,采用穿斗式草架,不像民居建筑那样考究、精细。

二是石库门式。这类建筑实际上是商住两用,两、三进的较多,临街一进大多是三间两搭厢,后进为作坊或住宅。店面不事雕饰,只有一个大门进出,大门往往是青石门框,有的大门还装有铁皮泡钉门扇,严密而封闭,较为安全。这类店铺一般是由住宅改建的,比较保守,不利营业,但也有一些商户特别是当铺、钱庄、药堂之类的,为了安全宁可选择石库门式而不用排门式。

三是水阁楼。这是根据上塘、下塘的地形地貌而建的,大半水面小半陆地的建筑,比较简陋,全部采用木结构。上塘一带的地势四周高、中间低,降雨稍多,水便溢出塘沿,所以条件好的族人一般不在上塘建房屋,而条件稍差的上塘居民,则利用水面建起十几间简陋的水阁楼,租给生意人。旧时下塘一带居住的族人绅士多,他们一般不经商,所以下塘一带迟迟没有发展商业,到了上塘形成繁华商业区后,才在下塘西岸建了一排水阁楼供经商用。水阁楼统一连排建造,每间面积不大,但也有上下层。楼层低矮,上层供储藏物品或居住,一般没有固定楼梯,只用活动爬梯上下。临水有挑台,供洗涤和取水用。在水阁楼经商的大多是小本小利者,如茶馆、面馆、理发店等。

诸葛村的明清建筑不仅体现了鲜明的时代特色和历史价值,

而且给后人留下了一笔丰厚的文化遗产,提供了一个广阔的研究空间,给人以历史的思考和深刻的启迪,这正是研究、挖掘诸葛村明清建筑文化内涵的意义所在。

第六章　长乐福地　古建精品

　　长乐村位于浙江省兰溪市西部,紧邻诸葛八卦村,与建德市、龙游县交界,330国道、21省道从村旁经过,从兰溪市区西站乘汽车可以直达诸葛镇长乐村。长乐村因交通便捷,历来有"一脚跨三地,一饭香三县"之说,是兰溪市的著名村落之一。

　　长乐村原名上坑庄。据传,明朝开国皇帝朱元璋攻打婺州(金华)时,大军进入上坑庄后恰遇秋雨连绵,屡攻不破,便在该村屯兵月余。朱元璋见村民们淳朴厚道,勤劳耕读,安居

长乐古村村口牌坊

乐业,其乐融融,由衷地感叹道:"此乃常乐之村也。"于是,"常乐"代替了上坑,此后"常乐"演变为长乐。也有说:朱元璋的大军屯兵该村时,常常下雨,当地方言称"下雨"为"落雨",长乐是由"常落雨"演变而来的。虽两者无法考证,但自朱元璋来村以后,长乐的村名就一直延续至今。

　　长乐村地处众山环抱的盆地西缘,背倚主峰高度333.6米的砚

山,左辅天顶山,右弼马鞍山,面朝石塔山、大慈岩,前有翠屏山,远处群山绕翠,近处砂山环列,构成了一个二度围合、边界清楚、藏风聚气的理想

长乐美景

空间。正如"开面向里,不拘远近,俱名有情,远朝(山)及前后左右之砂皆以真面相向",具有"以其护卫区穴,不使风吹,环抱有情,不逼不压,不折不窜"的好风水。

　　长乐村属于我国第一批以整体村落为单元的全国重点文物保护单位。长乐村依砚山北坡而建,阳基开阔,坐南朝北,从《南阳叶氏宗谱》上所载的阳宅图看,早期村落呈纵长方形,村西有长乐溪,汇天顶山与砚山溪水蜿蜒东流至村口折向北,过长乐桥,绕翠屏山脚,环童山转向东南,流经上、下水碓而入菰塘。村东原有道路通建德。村口有半月塘,隔塘为翠屏山。长乐的选址,正应了《阳宅十书》中提出的理想环境:"凡宅,左有流水谓之青龙,右有长道谓之白虎,前有污池(非脏水池,指水的流向与聚集)谓之朱雀,后有丘陵谓之玄武,为最贵地。"

长乐古村

长乐村周围丘陵起伏,长乐溪萦回于村之西北,山环水抱。总体平面布局呈北斗七星、半月形,有7座厅堂、7口井;道路曲折如北斗形,村前池塘则

为半月形,具有相当高的旅游开发价值。据宗谱记载,长乐古有八景。其一曰"三潭春晓":"夜雨初晴觉晓寒,三潭碧玉绕轻烟。拂柳无心添新绿,游鹅有意兴波涟。屏山默默千年画,流水淙淙万古弦。留君待上东山月,湖光山色更皎艳。"凭诗想象,这里就是一个山清水秀、风光如画的地方。

长乐村是一处典型的以血缘关系为纽带、宗族聚居的传统农业村落。叶氏自宋代建村,历元、明之际,经苦心经营,曾有过的辉煌在《南阳叶氏家谱》中还依稀可见,村中实物现已难寻觅。

元末明初,金氏渐兴,逐渐取代叶氏,现存明、清建筑大都为金氏所遗。

长乐村以纵横两条主要街道为骨架,横街西起长乐桥,沿溪入村,为贯穿东西的主街,经三个池塘穿过村口;纵街为长乐村的中轴线,前对

象贤厅

半月塘、翠屏山,塘北从北至南,依次建有石牌坊、照壁,照壁后纵横主街交会成村口小广场,广场南侧进入主街入口处建有石柱木构进士坊一座。平行于街道两侧建有象贤厅、望云楼、祠堂、府第,构成长乐村建筑等级最高、规模最大的住宅群。

沿中轴线两侧,各有两条辅街,略有转折,贯穿村落南北。沿中轴线辅街两侧呈枝杈状分布若干横向巷道,巷道长短不一,略有转折,依房屋布局而形成,形成基本呈纵横排列的布局特点。

下大塘以西建筑,坐落在砚山及长乐溪之间,民居沿溪而建,

向纵深布局,由一两组院落构成深30—100米不等的巷道。

长乐村至今还保留着元、明、清时代的象贤厅、金大宗祠、和园、养和斋、滋澍堂、序伦堂、嘉乐堂、立本堂、古民居、古牌楼、古驿道、古石板路、古街、古井、古亭、古桥、古壁以及明朝私塾、洞房、小姐闺房、科举科场等古建筑130多处。

长乐村历史悠久。叶氏传至叶元涛时,迁徙至兰溪叶店垅,他是兰溪叶氏的始迁祖。到了南宋嘉定元年(1208),叶伯林再迁至兰溪长乐村,他便是长乐叶氏的始迁祖。从《南阳叶氏宗谱》可知,叶伯林迁居长乐不久,便在长乐建造了余庆堂,自此叶氏在此生息繁衍,成为望族。但到了宋元之际,长乐叶氏却人丁不兴,后继乏人。

金氏先祖为项伯,入汉于鸿门宴上救护汉高祖有功,赐姓刘氏,被封于项地。据《吴越备史》《元史·儒学传》等所载,西汉时项伯受赐刘姓,在唐末五代时,吴越国(十国之一)开国之王钱镠的"镠"与"刘"为同音字,其后裔为了避嫌,便将吴越国中的刘氏改为金氏。祖居衢州桐山峡口,后金氏的一支由金展率领迁到兰溪的桐山,四代之后,出了闻名天下的金履祥(1232—1303)。金履祥,元代学者,字吉夫,号次农,称仁山先生,宋末元初名儒。精研濂溪学派和洛阳学派理论,被朝廷召为史馆编校,未及用而宋亡,后隐居著书讲学。曾在严陵(今浙江省桐庐县)钓台书院教学,后专心著述,晚年又曾在丽泽书院讲学。撰《尚书表注》,对《尚书》中的一些篇章表示怀疑;又撰《论语集注考证》,对朱熹《集注》加以核实补充;另著有《孟子集注考证》《仁山文集》等。金履祥有两个儿子:长子金预,次子金颖。金预一支传至金舍、金恭。由于金恭过继给叶氏,落户长乐,他便成了长乐金氏的始迁祖。

后来,金、叶二姓,共处长乐。从明朝天顺年间(1457—1464)至清初,金氏瓜瓞绵绵,仕宦不绝,而叶氏则更趋衰落,长乐逐渐形成了以金氏为主的血缘村落。

长乐村有大量的古建筑精品,其村民绝大部分姓金,是元代理学鸿儒金履祥的后裔,村里一贯弘扬好学施善的美德,长乐村是传播理学的继承地;明初良才刘伯温、宋濂以施教身份隐居该村,商议如何择明主而效力,长乐村是刘伯温、宋濂成为扶明大臣的修行地;朱元璋攻打婺州月余而不破,来到长乐村后向刘伯温、宋濂请教反元谋略,按照刘、宋指点,很快攻下婺州,最后成为帝王,长乐村是朱元璋成就皇位的谋略地;长乐村东有大片良田,南有砚山相靠,由东而西的西岭溪和由西而东的长乐溪流水潺潺,绕村相汇,村北山林茂密,绿树成荫,山水环绕,钟灵毓秀,藏风聚气,环境优美,长乐村是古人与今人宜居宜业、长乐长寿的福泽地。"四地"共存,岂不美哉。

当你进入长乐村,你会感到古楼古厅雄伟,民居布局有序,池塘古井遍布,街巷祠宇井然,一条古驿道横贯东西。当你游完全村,你会感到长乐村有"四奇":门朝北开,塘成日月,井布七星,女性祠堂。每一"奇",都浓缩了中国传统文化的内涵,引人入胜,受人赞美。

说起长乐村的风水结构,主要有以下几点。

(1)先人选址记载。

在村落自然形成过程中,选址是个首要问题。"卜其兆宅者,卜其地之美恶也,地之美者,则神灵安,子孙昌盛,若培植其根而枝叶茂。"

据《南阳叶氏宗谱》记载,叶氏迁兰溪之始祖叶元涛"幼嗜经史,精青囊",后致仕归里,由处州溯流而下,遍览山川之胜,到了兰溪叶店垅,"见其山环水绕,田畴膏腴,风俗淳美,遂迁而居焉"。后裔由叶店垅再迁居长乐。

虽然《南阳叶氏宗谱》对长乐地形、选址未做更多的记载,但据《瀫西长乐金氏宗谱》记载,金氏十三世祖大父泅,"志在择基以昌厥后,迨檀村,征嫌土轻水浅,欲卜地再迁,而卒不果"。至十四世"仁公承父志,以渊轻云亲,素知长乐水秀山明,龙盘虎踞,且叶氏世膺华胄,怎知不易姓再兴?适遇叶信一公子嗣多难,欲以甥继舅,遂以次子恭出继叶氏为嗣,而天相吉人,不数传而人文蔚起,瓜瓞绵绵"。从叶氏、金氏都不约而同地相中长乐,卜居于此,可见长乐确是"风水宝地"。

(2)房屋朝北有原因。

长乐古村落的出奇之处,不仅仅是古建筑群,还有它一反中国传统民居的坐北朝南的基本原则,所有的民居和公共建筑的大门一概朝北开。

房屋朝北的原因有以下几点。

第一,村庄发展方向决定了朝向。

古代讲究"坐实、朝空",村庄后方有山即为坐实,称为靠山。"后靠金山当掌权,明堂带水广财源。"砚山就是一座金形明山,明山者,山形秀丽,树木茂盛;古人认为,明山地形多出高官或武将。长乐村的靠山是砚山,就决定了村庄的主方向要顺着山的来势,只能朝350°,建筑坐丙朝壬,据《二十四山灶方经》(元代杨桂森著)记载,丙山壬向建筑——丙午丁方出高官,戌乾亥方出武人,丑艮寅方最为良,辰巽巳方大吉昌。这样安排建筑朝向与村庄实际情况非常吻合,使最宽广的东北方(丑艮寅方)成为最吉利的发展方向。

第二,地形环境决定了朝向。

砚山高于玉龙山,两山形成了一个"八"字形的地形环境。朝南方向地势渐高并逐渐收束,而朝北及东北方向则是逐渐扩大的开阔地。如果大门朝南,前面的房子就会遮挡后面房子的采光;不论从砚山脚下还是从半月塘开始建设,都会出现后面所建房屋必须垫高地基的情形,这样越往后建房就越与整个环境不相融,造成资源浪费,不利于可持续发展。因此长乐村先人就设计了大门朝北的方案,从半月塘的前端开始建房,慢慢地往山脚下建。这样,后面的房子自然而然地就高于前面的,一是符合风水学上有"靠山"的吉利布局,二是可以节省大量建筑材料。

第三,调整山脉五行属性的需要。

从堪舆学上来讲,"山管人丁",如果长乐村大门朝北,那么砚山就是青龙,玉龙山就是白虎,青龙略高过白虎属于吉相,是广出人才且福泽延绵的一种居住环境。但是如果大门朝南,那么砚山就是白虎,玉龙山反而是青龙了,白虎高于青龙,青龙受到白虎的压制,那么就非吉相,而是出罪犯、不孝子及叛逆之徒的地方。

第四,面水的需要。

堪舆学以水为财,而屋的前方称为明堂,家宅喜于明堂聚水,即家宅的大门前方见水为吉象。水聚明堂,主财气吉利,利于事业求财,利于家族经济繁荣。长乐村半月塘为明堂聚水之地,所以全村以中轴线为核心,所有建筑皆面北而建,即是取"富贵传家远"之聚财局。

(3)长乐村风水正解。

2004年世界易经大会上提出了中国选址堪舆学的根本核心要素可以概括为4个字:安全、方便。堪舆选址一般选择"CI"地形,C就是三面环山,I就是一面临水、有道路或者有案山、有朝山。这样的地形在没有空中侦察手段的时代很难被发现且易守难攻。长乐村就是典型的"CI"地形。

长乐村左有青龙起势,右有白虎盘踞,在左卫右护之下形成了一个山环水抱的山间平原。长乐溪不是直流而过,而是曲曲折折,一步三回头,顾盼有情,仿佛欲去还留。这条溪流顺着山势而走,将山间平原圈绕,形成了一个藏风聚气绝佳的自然环境。

从长乐村的选址可以看出古代贤哲们已经掌握了非常完善的堪舆学知识。堪舆的根本思想来源于《易经》的阴阳学说,追求的是一种动态下的平衡。大门朝北、楼上厅等设计都反映了这种根据不同条件而选择相应对策的思想。

自明成化以来,长乐科甲不断,仕宦不绝,经商致富者不乏其人。他们世代在此营建家园,终成宏大规模。村落纵横分布两条主要街道,建有祠、厅、堂和各类住宅,有"回"字形宗祠、递进式宗祠、楼上厅、凹形平屋等,形式多样,富有变化,形成长乐村特有的风貌。

走在长乐村古朴的街道上,经常可以看到这些房屋的大门、墙壁上布置着许多奇怪的东西或者符号,主要有小圆镜、剪刀、七彩布条、八卦图、八卦镜、竹香管、吉祥字等。这些随处可见的堪舆学中说的"符咒、镇物"就是长乐民间对《易经》的朴素认识及应用的表现,揭示出民间对《易经》的认识基本上停留在简单的祈福避凶层面上。

长乐村不但蕴藏着丰富的自然资源,更重要的是它还拥有丰富深厚的文化积淀。它在建村数百年的历史中,通过建筑、人文等形式反映了先贤们高超的理学文化和道德修养,给我们留下了一笔宝贵的文化遗产。在普遍认为"房屋朝向应该向阳"的堪舆理论的影响下,敢于因地制宜,安排大门朝向北方,这是先贤们在对《易经》深刻理解的基础上合乎自然的正确选择。我们认为,长乐是集独特人文传承、《易经》堪舆文化和建筑艺术于一体的著名古村落;单从《易经》角度,可以称得上"中国易经文化第一村"。

长乐村的景点很多,其中比较恢宏和带有传奇典故的有以下几处。

一、金大宗祠

金大宗祠,是长乐金氏族人"奠祖敬宗之所,伦理教化之地"。它位于村落左侧,始建于明万历三十三年(1605),前后历经80多年完工,有数百年的历史。这里是金氏家族商议大事的地方。

金大宗祠

"先建寝室五间,崇德祠三间,显扬祠三间,三十六年(1608)又建后寝五间,东西侧楼屋六间。崇祯六年癸酉(1633)至乙亥(1635)冬建造享堂,越冬告竣,已完大礼……总计祠屋四十余间。"

金大宗祠位于村口东首,前有广场,西临村宅,东接田园,祠内悬挂着元代著名的理学大家金履祥的画像。祠堂整体平面布局呈"回"字形,回廊始建于明代,中庭为歇山顶建筑,用材硕大。前为门厅,入内为天井,中心略偏后置独立中厅。后为寝室,左右偏屋各七间,门厅面阔五间,正中设门,门两侧设有雕刻精细的青石抱鼓一对,左右各三间平层。东西侧厢,用四柱三架梁带前后单步廊,西厢已倒塌,仅存前后檐柱主外围墙。前檐用斗拱,中厅面阔五间,四周回廊,单檐歇山顶,明间五架梁带前后双步廊,明间四金柱粗壮,一人难合抱。明间前檐下用半拱四攒,明间单檐牌楼式,次间歇山重檐,翼角高翘。

金大宗祠建筑风格凝重沉稳,肥梁胖柱、石阶、铺地、门户无一不是巨制。这些古建筑最具特色的是梁柱上的雕刻,那些粗大的月梁、雀替、挂落、垂莲柱上,布满了雕工精细的图案,内容多为"八仙过海""桃园结义"等人物故事和麒麟、仙鹤等瑞兽。刀工细腻,美轮美奂,每一处都是艺术。这些用料和造型都十分夸张的梁柱隐喻了对后人的美好期望,希望子孙成栋梁材、积万担粮,希望家族人丁、财富都兴旺。宗祠门口有大型户对,呈鼓形,寓意着金氏家族世代声名远扬。

二、和园

和园原为金氏药商金泽的后花园,建有三间两过厢一天井的楼层一幢,周围是花草树木。屋前留有明朝骑马用的"上马石"一块。据传,楼上左边的房间是朱元璋住过的,楼上中堂是接待室,朱元璋屯兵长乐村时,曾在此召集大将、谋士商议攻打婺州之策,最终攻打成功。

三、养和斋

养和斋建于元末,是药商金泽的书舍,整幢屋三间两厢一天井。门联上写有"和气位一家天地,书声起万里风云"之句。由于屋主相助反元,当年朱元璋曾在此与主人畅谈天下大事。

四、象贤厅(嘉会堂)

象贤厅建造于明景泰年间,俗称嘉会堂。象贤厅是长乐村保存最完好的建筑,厅堂平面布局为三间四进一穿堂,前进是戏台,用材、雕刻极为讲究,后进停放寿材。整体建筑主要用于看戏、办红白喜事等。

象贤厅(嘉会堂)

三开间,门阔30米左右。象贤厅建造规制较高,大门为旧时衙门式建筑,厅内梁柱粗壮高大,雀替、明梁雕刻精美。象贤有两个含义:一是要子孙以圣贤为楷模,成为有德行、有作为的人;二是以"象"这个陆地上最大的动物为象征,希冀子孙成为大贤、国家栋梁。厅内用两头细中间粗的梭子形巨木做立柱,表示人要顶天立地;柱础用三段结构,表示阶阶升、步步高,一代更比一代强。肥硕的房梁有三个寓意:一是希望子孙成为栋梁之材;二是像冬瓜、宰杀过的年猪,祈愿物产丰富,代代富裕;三是像男子的生殖器,强大的生殖能力是人丁兴旺的保证。象贤厅是村里规范道德的代表性建筑,历史比金大宗祠还早100多年,距今已有500多年。

象贤厅是长乐村金氏的祠堂,始建于元末明初,告竣于明朝天顺六年(1462),为长乐嘉会派二十一世祖金廉所建,是嘉会派的大厅,后由各房派陆续添建而成。象贤厅总面积663平方米,通面阔

13米，进深51米。象贤厅为前后四进，坐南朝北，从北至南依次为门厅、前厅、正厅、过厅、后寝。据家谱记载，前厅、正厅建于明景泰年间（1450—1457），门厅及正门门楼、后寝的建造时间略晚于正厅。门厅前方有过街亭，门楼正立面建成牌楼式。明间屋面抬高，檐下出三翘用七彩斗拱，屋顶做歇山式，翼角飞翘，两次间前廊用披檐，比主屋顶略低，形成重檐。门厅两侧有半人高的青石抱鼓拱立，衬以高高的门槛，过门厅为天井，天井两侧有过厢。前厅明间设戏台。正厅与前厅之间的天井面阔5.5米，进深2.3米，天井两侧有厢廊，正厅与后进明间之间有穿堂连接，形成"工"字形平面。穿堂两侧各有天井，称为"龙凤鸳鸯井"。

进门有"入孝"两字，门厅正立面为牌楼形式，典型的明代风格。斗拱出挑，重檐歇顶，形制特别，气势壮观。正中匾额"象贤"两字为明成化进士金盛之手笔。头进为古戏台，其梁架、柱基皆为明代风格。台上有"人生镜"一横匾，意为"人生如戏，戏如人生"。二进为宽畅天井，主要为采光、通风，既是天地人相通合一，也有利于人们游乐养生。三进为正厅，结构恢宏，梁柱宠大，气宇轩昂。中间正堂挂有"嘉会堂"匾额。正厅地面金砖匝地，但却碎裂。据说当年民间建筑不允许用大块金砖铺地，否则视为谋反。铺砖时有人向朝廷密奏，建造者得悉后，连夜命人敲碎地砖，方免杀身之祸，因而碎砖一直保留原样至今。后进寝房建筑年代晚于正厅。传说"嘉会堂"是为纪念朱元璋和刘伯温、宋濂等君臣风云际会而立的。当年朱元璋屯兵长乐，在这里接受金履祥的理学理念作为其治国思想，并与刘伯温、宋濂相约在此处相会，请教攻打婺州及反元立国之策。朱元璋接受刘伯温、宋濂的谋略和辅佐，一举攻下婺州，并势如破竹，不下数年，灭元而夺得天下，建立大明王朝。可以说，长乐是朱元璋祈胜祈祥、夺取皇位的转折地。金氏后人以此为荣,在象贤厅里悬挂"嘉会堂"匾额予以纪念,也为后人留下一段历史佳话。

象贤厅于1964年大修,1999年又进行维修。

五、滋澍堂

滋澍堂双三间相对,中央一天井,清代建筑,在原望云楼门厅、中厅倒塌后改建而成。其特色为屋内柱、梁的用材大都是歪木斜木,没有笔直方正的木材。其意是"天生我才必有用,

滋澍堂

歪木也能成大才"。梁栋和牛腿上雕有狮子、梅花鹿等,精雕细刻,形象逼真。中间设有"长乐八行"雕刻,挂有一个古代的"和"字,用以教化子孙。

六、龙亭

龙亭原称过亭,建在象贤街象贤厅广场前面,造型讲究,风格别致,顶部前后结构不同,地面上有五帝钱图案,两侧各有青红条石板凳,供人休憩、玩耍、闲谈。据传,当年朱元璋与刘伯温在此亭小憩攀谈,见青红两块石板迷惑不解。朱元璋就问刘伯温,刘伯温答:"此为砚山延伸的两条龙脉,一青一红,保佑真龙,飞龙在天,天

下大同。"朱元璋听后大为高兴。此后,长乐村人便将"过亭"改称为龙亭。

七、进士坊与节孝石坊

明成化十一年(1475),金氏后裔金盛高中进士,进士坊为表彰其功而建造。此坊在象贤街北,三开间,石柱木枋,规模较大,上有木匾,书"进士"二字。前列四对旗杆。1969年初,木结构部分不幸遭大火焚毁,今剩4根石柱及靠北的柱脚石。

节孝石坊是一座表彰寡妇贞节孝顺的石牌坊,也有称"寡妇坊"。建于清雍正年间(1723—1735),是为邑庠生金世悦之妻张氏而立。牌坊两柱一间三楼,面阔近4米,通高6米余。正楼檐下立"圣恩"两字牌匾,匾下横额"节孝"两个大字,以颂扬此寡妇贞节孝顺之义。

八、照壁

照壁建在进士坊与节孝石坊之间。据传,建此照壁是为"避进士观寡妇沐浴之嫌",与节孝石坊同时建成。壁

照壁

体高大,墙高7.05米,宽10.83米,厚0.5米。下部为须弥基座,壁面朴实无华,顶部做歇山式,覆以筒瓦。无别物支撑,历经数百年仍

坚固挺拔,堪称中国古村落最大照壁。

九、半月塘

池塘就如村落的眼睛,是神采动人之处。长乐村的眼睛和皖南宏村的眼睛有相似之处,都为半月形,因此名为半月塘。半月塘边矗立着节孝石坊。半月塘静水深流,见证了古代一名女子如潭水一样波澜不惊却又如海水般壮阔的忠贞爱情。在半月塘两边还分布着另外两口塘,其中左边塘应该是和半月塘同期建成的,而右边塘应该是后人根据堪舆师的建议补建的。因为在地理古诀中有"村前两口塘,风起哭声长"之说。

十、长乐溪

长乐村有一条由南向北流淌的溪水——长乐溪。长乐村的西南方向有一座砚山,砚山脚下有一水口,每逢大雨频繁之时,山上的水流就会直冲长乐,流入北部的长乐溪。

长乐溪

长乐溪环绕长乐村而行,犹如一条金腰带;桥梁横架于溪流之上,成为沟通溪流两岸交通、供村民进出的重要建筑。在长乐溪上有两座遥相呼应的石桥,一座是长乐桥,一座是擒龙桥。

十一、长乐桥

长乐桥建造于元代末年。桥上有一块与众不同的青石。传说当年桥造好以后,这块石头怎么也摆不平。有一天,朱元璋率兵从桥上过,一脚踩上这块石头,石头一下子就平整了。于是村民们说,只有有福气的人才能安然无恙地站在这块青石上面,没有福气的人站上去是会遭殃的。不知道这些来来往往的人是有意还是无意,反正确实很少有人去踩这块石头。

十二、擒龙桥

擒龙桥又称拜斗桥,据说当年朱元璋屯兵长乐的时候,常常在此叩拜北斗七星。

十三、村前大道

村前大道就是古代兰溪通往建德、龙游的古驿道,也称下大塘街。这条古驿道是元、明、清三朝时,长乐村和外界联系的主要通道,全长300余米,古驿西路用石板、卵石铺砌,宽约3米,基本保持原貌。

游玩古风绵绵的长乐村,欣赏精美绝伦的元明清古建筑,感受神秘灵秀的环境氛围,品味韵意独特的民俗民风,使人萌发了幽雅别致的思古之情,产生了恬淡祥和的洒脱心境,这是长乐福地吸引游客的特殊魅力所在。

第七章　堪舆建村的典范村落社峰村

　　社峰村离兰溪市永昌街道办事处驻地 1500 米,距城区 10 公里。永昌溪流经村东南部。该村世居吴姓,村中有一山名社峰,村以峰名,又称社峰吴,俗称上山下,1958 年后曾称社丰。始迁祖吴文仪,博学弘文,深于伊洛之学,宋宝祐年间(1253—1258),与许白云(许谦)相善,时行何、王(何基、王柏)之学,访道于金华,路经社峰,乐山水之秀,遂由淳安杜塘迁居社峰,为后人创建了最宜住风水根基。社峰村是堪舆建村的典范,为许多专家学者所推崇。

社峰村口桥

　　全村共有明清各类建筑 40 余座,其中节孝牌坊 3 座,古庙 1 座(明朝)、古桥 5 座、古墓 3 座(宋、元、清朝各 1 座)。积庆堂建于明代,牌匾上书"明崇祯庚辰孟秋立",建筑年代明确,雕刻精美,生动圆润。两旁设有通道,用于村民行走,这在其他建筑中很少见。门楼两边分别建有两座节孝牌坊,用以表彰孝子、贤媳。积庆堂的堂号有着深刻的历史文化内涵,考其典故来自《周易》，这是解释《周易》中坤卦的语句，原文为："积善之家，必有余庆；积不善之家，必有余殃。"自古以来，凡是厚实、积善的人家，其后代往往会发达。纵然没有大的发展，也能够平安过日，不至于招惹一些凶灾。其包含深刻的思想内涵，激励吴氏后人树立正确的价值观——"存好心，做好事，当好人，有好报"，厚德善行，吉祥相伴！全国第三次文物普查公布的兰溪市不可移动文物名录中，社峰村有29处之多。社峰村是一个有着深厚历史文化积淀，蕴含着丰富历史文化内涵的古村。

社峰村选址完全遵循"枕山、环水、面屏"的原理，有"最胜之宅兆"之说。除了积庆堂外，村内外还遗存了多处古建筑，包括牌坊、古庙、石桥等。走进社峰村，还能发现不少精致的古民居和传统巷弄。2014

社峰村航拍

年社峰村被列为中国传统村落。

社峰古村名人较多，在兰溪较为著名的有吴一本、吴上修、吴纪、吴永庆等。

吴一本（1527—1596），字子立，永昌社峰村人。以选贡领隆庆四年（1570）应天乡荐，屡试进士不第，晚岁铨授湖广泸溪县知县。其地苗民杂处，苗素悍，抚以恩信皆驯服。县东有武溪关，舟车所辖，商旅繁盛。起先，有司榷其税充私费，一本悉罢之。曾自书"清心矫吏俗，俭政拯民疲"楹语悬诸庭。恰遇举履亩之役，定章查勘。除硗汰浮，而旧额仍无亏缺。上宪用其条例，并颁行通省，勒碑以纪其绩。又行方田法，均平户口，民悉悦从。在官以恪慎清介闻，秩满致仕归。囊无长物，唯古砚、古书、古玩数件。并不甚珍惜，遇有嗜好者，就听便拿去。后至艰乏，坦然视之。泸溪祀名宦。

吴上修(1637—1706)，字以敬，号永庵，永昌社峰村人。以廪监领康熙十六年(1677)特恩，开南监专闱乡荐，仕余姚教谕，卒于官。平生性雅淡，勤纂述，介洁持躬，宽厚予物。初邑课税沿旧有浮征，名为贴解，并有岁规量给绅士，用以箝口，修丝毫不受。俄经控告上宪籍治染指者，唯修不与焉。胡道宪闻之为之三起肃。有故友子亏公款追逼急，乞修权代之认，既而负约，修卖己产以偿，因是贫窭，亦无怨悔。与东阳王崇炳友，曾称修之为人在于狂狷，倾赀市义，陋巷安贫，卓立千仞峰头，可与吕云君把臂同行云。暮年乏嗣，遂自号"孤鹤老人"。晚作诗文集，又有《三易集》《蒲骚吟》《芝云楼怀古诗》等著述。

吴纪(1671—1741)，字畴五，号西岩，永昌社峰村人。嗜古，喜篆印，与金华叶泰、东阳虞光仪、义乌叶樵相契。有《畴五氏印谱经》，经燹散佚。

吴永庆(1763—1832)，字履丰，永昌社峰村人。父珠江，家尚裕，重读书人。永庆急公好义，凡有捐举，无不踊跃先输。嘉庆二年(1797)奉父命出资置田百余亩，恳众衿董其事，积岁入租息充合邑诸生乡闱卷费，携至省照入闱名数均平给送，禀县立案，一时士林赠诗颂美。辑成卷并田亩丘口坐落，租额汇刊一册，四送相期永久。知县张为立章程并撰记刊入邑志。

一、社峰吴氏祠堂

社峰吴氏祠堂,气魄宏伟,规模巨大,占地8亩,在兰溪独一无二,浙江也不多见。明万历三十九年(1611)振雅公倡始筹资建祠堂,又五年(1616)建造门台,至崇祯十一年(1638)积资数千有奇,乃择基筑墙垣,设仓库置办材料进行筹办。并续置祀田亩百几,将以就绪,再三年(1641)及谋大兴工作,全族分春夏秋冬四班协理营造,阅岁而乃落成。共三进47间房,全部是青石柱。头进牌匾书"社峰吴氏家庙",二进牌匾书"天下第一世家",三进牌匾书"大夫第"。寝室正中祀始迁祖六山宣仪公暨贵,万二代祖。可惜中庭未建。左右两廊小宗未立。祠之右为至德祠,上祀至德伯,下祀淳安石村、杜塘八代祖。由于年代久远,受白蚁危害和风雹自然灾害影响,毁坏严重,到1968年祠堂近乎全部坍塌,由于当时村中财力有限,只好拆旧修复部分建筑(后进部分)。到20世纪末,原祠堂建筑已完全倒毁无存,仅留下遗址和一些后建房屋。修谱理事会拟利用修谱结余资金,先行复建祠堂大门的门面建筑——山门,2010年1月,复建头门进。族人举行了隆重的仪式来庆贺。目前,整个吴氏祠堂已恢复重建。

二、积庆堂

积庆堂又名"恩荐堂""小宗祠",位于社峰村下宅。始建于元朝,后重建于明崇祯十七年(1644),清康熙、乾隆年间重修。大厅"虫不蛀,鸟不入,蜘蛛不结网,灰尘不上梁",相传为鲁班所封,祖师用手摸过的横梁，至今崭新如初。1992 年被列为市级文保单位，2005 年获批省级文保单位，可以长期对外开放展示，2013年 5 月被列为全国重点文物保护单位。

恩荐堂

整体建筑布局是由四进两穿弄加封火墙围合而成的纵向长方形。坐西朝东，通面阔 13.75米，通进深 58.8 米，硬山顶。门厅，进深六檩，梁架为六架后檐廊，用脊柱，前檐双步施卷棚。

积庆堂

左右两旁各立有两柱三楼式"恩荣"石牌坊一座。左侧一座与积庆堂垂直，坐北朝南，是清乾隆七年（1742）为故儒士吴法妻范氏立的旌节牌坊，额枋上雕刻鲤鱼、海马、游龙等图案。右侧一座与积庆堂平行，坐西朝东，是清雍正七年（1729）为吴肇鹏妻范氏立的节孝牌坊，雕刻简朴，仿木结构明显。

三、旌节亭

村北的一片油菜园里"藏着"一座造型别致的四角石牌坊，通高不足 5 米，像是袖珍版的许国石坊。该牌坊俗称旌节亭，是清咸丰九年(1859)为故儒吴大业妻毕氏所建,有"恩荣"竖匾两块,南向两檐柱阴刻对联"卅年苦节镂彤管,一字荣褒慰素心"。亭子四周有石板围护,立有一碑记,正中刻"奉上谕旌节故儒吴大业妻毕氏",右边有"……兵部右侍郎兼都察院副都御史文巡抚浙江等处水陆……礼部右侍郎提都浙江全省学政张锡庚……"等字样,左边落款"大清咸丰九年岁次己未八月"。据说它是兰溪市现存的40余座明清牌坊中唯一的四角牌坊,有比较高的文物价值。

四、隆兴殿

隆兴殿建于社峰建村初期,初建于社山旁翠微山,后迁建于村旁螺字山脚,现迁建于石岩山上。《重建隆兴庙记》曰:"经始于辛卯三月初十日,竣事于癸巳十月十六日,其由螺字之阳迁石岩之麓,粉堞朱扉,遥与宅舍相望者,形家元武捍门之说也。其旧为平厦,新为飞阁鸥尾,云咨照耀水光山色间者,工师仿邑仁惠庙之制也。"其布局更为合理,有画龙点睛的作用。

隆兴殿位于村南高地上,是三进三间两天井式古庙。隆兴殿历史悠久,南宋末建于社山上,元末毁于火,明洪武年间吴德芳重建于螺字山上,200年后毁于蚁。明万历年间吴良弼建于今石岩山上,经400余年,断椽残壁,社峰善男信女于1997年进行大修。隆兴殿前后历宋、元、明、清、民国,及至现在持续700多年。

偃王神祠,分三进,面积600平方米,有宋6米高青石柱对联,明石狮,清大鼓。主殿是偃王塑像。偃王出生在西周周昭王时,因左掌纹有"偃王"两字,故名"偃王",是徐国国王,又称徐偃王。周穆王封偃王做东方霸主。偃王因治理、教化东方有功且爱民如子,就被尊奉为神,徐姓也以偃王为祖。吴姓本出自泰伯、仲庸,建国勾吴,即为吴国,因偃王"泽被勾吴""仁沛於越",故为越国故土的社峰吴氏建庙祭祀。2004年,兰溪宗教事务局正式批准社峰隆兴殿为宗教活动场所。

五、社峰古民居

社峰村以吴氏聚族而居,有众多明清古民居,相传有18座大厅、120座小庑厅。建筑布局以积庆堂为中心,以18座大厅(分房派)为团块,120座小庑厅以血缘远近而聚居一块,寄托着人们对家族凝聚、团结、和睦的向往,那些长而厚重的围墙,则将一姓之家、一族之团结围合在一起。对外则成为划分宗族的地理和心理界限,"风化教人,人心而已,而合族神主"。对内则严格遵循"长幼有序,内外有别,卑不逾尊,疏不逾戚"的原则,营造"闺门穆穆,兄弟怡怡,戾者以平,争者以让"的家居氛围,非常典型地反映了宗法社会的礼乐秩序和纲常伦理。村坊依地势呈坐西朝东向,长弄巷石板路,青砖灰瓦的马头墙、精美的牌坊式门楼、狭小的内天井、走马楼式的对合院落,是介于徽派民居和东阳民居的中间体,具有建筑历史研究价值。

第八章　如诗如画的芝堰村

"碧潭波漾曙星光,山影冲烟涌万行。独立有人闲起早,披襟收拾一溪凉。"这是芝堰村古人陈建子描写芝堰村美丽景色的一首诗——《溪头晓风》,着意描写芝溪的美丽凉爽和村民的勤劳早起。

芝堰水库是兰溪人饮用的源头水。芝堰村山灵水秀,是全国重点文物保护单位、中国传统村落,也是浙江省风景名胜区。

地处兰溪市西北部20公里、与建德市相邻的芝堰村,古时为金华、严州(今建德)诸府县之间的交通要道,过往商旅众多,商贸繁盛。

村中一条古街穿村而过,古时这条街,就叫严婺古驿道。芝堰古村在明中期就已形成较为完整的村落格局,大量的厅堂、民宅、客栈、茶馆、过街楼等随之兴建起来。过往行人密集,商贸活动频繁。古街两旁曾经茶楼酒肆、钱庄当铺、戏院烟馆、澡堂歇店等一应俱全。至今尚存的承显堂戏院、思

芝堰半月塘

不忘蜡烛馆古建筑,仍在诉说着当年的繁盛和富庶。

芝堰村坐北朝南,依山傍水,地势十分平整。村落东头,桃峰耸峙,芝山起伏,宛如一条青龙奔腾跳跃而来。村落两面,青峰壁立,山峦逶迤,有形神兼备的虎、狮两山雄踞村之西面。北面的陈陀山,背靠千峰万峦,像一把庄严高大的"金交椅",把整个村落环抱其中。加上南面村口象征"朱雀"的半月塘,整个村落形成一个以"左青龙、右白虎、前朱雀、后玄武"为格局的典型的风水生态环境。

芝堰古村有着精美的砖雕、木雕、石雕"三雕",自宋代建村及至明清时期,村落营造已有了较好的规划,加上人文元素的注入,以及受理学、堪舆术的影响,有着不同时期的文化倾向、价值,反映出芝堰农民的耕作方式、田园山水的意境、退世隐居的情结和自然诗画的气氛。芝堰古村落建设,既考虑到取水、排污、防火、防盗的多重因素,又考虑到生活起居的方便实用,集功能性和观赏性于一体,追求适合生存、布局合理、富有诗意的人居环境,体现出人与自然的和谐。

据《芝堰陈氏宗谱》记载:"大经字世常,号洪济,宋高宗时扈跸南渡,侨居安吉江渚。绍兴年间因守睦郡,遂家分水。娶何氏,生二子。长子湛,字仲清,号大府君,经庐分水百扛。次子滴,字仲道,号二府君,文经武纬,多学多才,名遍天下,迁居建德芝山(今芝堰村)。"自陈滴移居芝堰,至今已有800余年的历史,陈氏家族世代繁衍,形成大族。古时芝堰为兰溪、寿昌、严州之间的交通要道,商人、过往人员繁多并多在此歇足住宿,商贸繁盛。历代以来,芝堰百姓辛勤劳作,凭借天时、地利、人和之优势,在村内兴建了大量的厅、堂、民宅,明代中期由义七五公、七六公(天顺年间出生)集资修筑村中主要道路(至今保存非常完整),此时村落格局基本形成。

芝堰村民居,以古街道为中轴线,在东西14米、南北200米的范围内,分布着明清建筑28座,街巷分布合理,建筑排列有序,过街设骑楼。

芝堰村民居代表性的建筑有"衍德堂""孝思堂""济美堂""成志堂""光裕堂""善述堂""世德堂""世泽堂""楼上厅1号""荣褒五代""斗室乾坤""积厚流光"等,分为宗祠厅堂和民居两大类。其古建筑或有家谱记载,或有匾额、题刻,相对建造年代可考,建筑时代演变清晰。村内明初到民国晚期的数十座建筑,构成古建筑断代的标尺,具有很高的历史价值。厅堂建筑用材硕大,雕刻精湛,制作考究,气势宏伟。

古街建于明清,贯穿南北,两端都有古樟作为标志,全长300余米,宽2.8—3.2米。街道断面为一渠一路,两侧铺卵石板,宽0.55米,是明代中期义七五公捐资铺设的,渠宽0.56米,深0.3—1.4米。街道两侧分布有厅堂9座,邻街店铺4家,过街楼5座,居民客栈十数幢,巷口通道16处,建筑群布局开合有度,马头墙高低错落,景观优美,至今保存完整,构成了一个

芝堰古街(一)

芝堰古街(二)

变化丰富而统一的整体。

芝堰村典型建筑有以下几处。

一、孝思堂

孝思堂建于明初，坐东朝西，占地面积1330平方米，平面布局成"回"字形。中轴线上分布着门厅、中厅及享堂，门厅和享堂两侧各有一个三间两厢的侧屋，中厅两侧为七间

芝堰孝思堂

房屋，与侧屋、门厅、享堂相连。中厅独立，四周用天井隔开，形成一个四周闭合的"回"字形建筑。

门厅：面阔三间，左右各带一个三间两厢侧屋，室内明间中缝梁架为三柱六檩，梁架不露明，上有平棋，次间用四柱，穿斗式，梁架也不露明。

中厅：歇山顶，红石台基，为三间带四周围廊，明间面阔4.55米，次间面阔4.1米，廊宽1.75米，通进深10.8米，彻上露明造，明、次间梁架均为抬梁式，内四界带前后重双步廊，月梁造，雀替浮雕图案以瑞兽、花鸟及鸥鱼吐水状为主，明间月梁上设斗拱，承托檩条，次间梁上设短柱，承托檩条。有六柱，碩形柱础，除廊柱柱础外，其他各柱础均垫覆盆。

后进享堂：面阔五间，左右各带一个三间两厢侧屋。青石须弥

座基,明间面阔4.15米,次间面阔3.9米,梢间面阔3.55米,除明、次间前廊用抬梁外,其他梁架皆为穿斗式,前檐柱顶有出两跳五踩斗拱,外檐上又有一斜撑式牛腿,其上又有出一跳三踩斗拱承托,挑檐枋拱均出象鼻昂。鼓形柱础,六柱六檩。

二、衍德堂

据《芝堰陈氏宗谱》记载,衍德堂始建于元末,现存主体建筑约建于明中早期,通面阔12.6米,平面布局为三间三进一穿堂,占地455平方米,坐北朝南,偏东3°,位于该村南端,前临人工筑成的半月塘。

芝堰衍德堂

前进面阔三间,为清代重建。进深5.8米,明间面阔4.4米,次间面阔4.2米。明间四柱七檩,扁尺梁。次间五柱七檩,穿斗式。

前进与中进之间有一天井,深0.53米,宽1.95米,长12.6米,两边用厢房连接。天井石雕精美,呈须弥座状,为明代原物。

中进为衍德堂的主体建筑,进深7.45米,面阔为三开间带两过道(已毁),正厅三间为露明造,梭柱,柱头有卷杀,侧脚生起明显。明间为九檩四柱前后双步廊式,最大跨空为五架梁,呈月梁形,断面呈琴面,两端用丁头拱承托,其梁背有明间顺檩出两跳、次间顺檩出三跳斗拱两攒,下垫有驼峰,明间小斗两旁插有枫拱。有双步梁、三架梁,与五架梁形制相同,上也置斗拱,除两檐檩外,各檩下皮都雕有花卉,图案精美生动。次间抬梁与穿斗混合式,为九檩五柱,有落地中柱,每双步梁上都置有隔架科,下垫有驼峰,每步架间都有鸱鱼顺水状单步梁。前后檐枋上各置两攒平身科,一斗六升。脊檩下也有两攒一斗三升平身科支承。金檩与上金檩雕有花卉,中间明间硕形柱础,下垫覆盆,上有"绳"纹。0.3米×0.3米斜坡方砖地面。

穿堂为歇山顶建筑,边有两龙凤天井,宽1.9米,长4.35米,其作用是连接中进与后进。明间及四周回廊上方都有天花板,明间用出两跳五踩斗拱承托,半拱比例适度,砍瓣明显,制作考究,斗拱下设普柏枋,有宋元风格。靠天井两边筑有隔断墙,上有方格花窗。

穿堂进深6.45米,回廊天花板下用出一跳三踩斗拱承托,用硕形柱础,下垫覆盆,0.3米×0.3米斜坡方砖地面。覆盆上有如意纹。

后进于民国时期重建,面阔三间有楼,硬山顶,进深7.75米,楼下明间用四柱,抬梁穿斗相结合,楼下次间用五柱,穿斗式。楼上穿斗式,五柱七檩,鼓形柱础,泥土地面。

三、济美堂

济美堂建于明万历年间,坐北朝南,三间对合,占地面积317平方米。

前进:小"八"字门开设在正中,门厅用四架卷棚,门厅装饰考究,装修保持明代原构,面阔与明间相同,前进明间梁架不露明,设平棋天花,四周用出两跳五踩斗拱承托,明代特征明显,共计16攒。次间两楼。

后进:梁架彻上露明造,前檐使用飞椽,明间为内四界带前轩后双步廊,四柱浇地,硕形柱础,下垫覆盆。次间梁架为抬梁与穿斗相结合,五柱落地,硕形柱础。各柱间均设抬梁,各步架间都有鸥鱼状单步梁,各抬梁都为月梁,梁嘴饰龙须纹,梁下雀替采用浮雕,图案以花鸟及鸥鱼吐水状为主。两进之间设天井,天井采用须弥座基,上有动物、花草浮雕,图案精美。

四、成志堂

成志堂建于清乾隆乙酉年(1765),据《芝堰陈氏宗谱》《芝溪陈康山先生传》记载,康山公者,余友陈燕宾之伯祖也。嘉庆壬戌冬,岁试燕宾,冠童子军,余亦与选。握手订立各询先世,田备识公之为人。公昆玉四,公居次,事父兄孝悌备笃,精明强干,立行端方,言笑不苟。少冠入庠,锐志诗成,本图上达,因家务旁午,志不得遂。先君朴山公抱疴在褥,公日夜侍养,不解冠带,至疾大渐,先君喟然叹,公含涕低声叩曰:大人何叹?答云:余凤欲经营堂构,有志不及就奈何?公曰:大人县自怡养天和,无须劳神家计,此事小子自当勉为之。先君瞿然曰:尔能言承志,吾瞑目矣。言旋即逝。公号泣仆地,几至殒绝,少顷方醒。徐思毁不灭性,当体曾氏慎终之义。而公之尽诚尽信,孝道始终无愧焉。嗣后泣念先君遗命,拮据数十年,克承营造之志,于世泽堂南首构造楼厅一座,匾其额曰:成志。示不忘也。

成志堂平面为三间带两侧屋四进三天井,分门厅、前厅、中厅和后厅,坐北朝南,建筑面积为950平方米,硬山顶,25.5米×25.5米斜坡三合土地面。

门厅明间一小八字大门,檐口出跳,两翼角稍向上翘,其进深很小,仅用两柱。梁架不露明,有平棋天花,前后檐均用牛腿支托檐口,后檐柱间开设六扇板门。次间用单柱,柱间有格子窗及隔断,鼓形柱础,下垫覆盆。

前厅两楼,前檐及两厢用重檐,平面为三间两厢带两侧屋。明间面阔4.2米,次间面阔3.65米,侧屋面阔3.1米,通面阔16.8米,通进深7.8米。该建筑注重楼下装饰,楼上结构简单,明、次间均为穿斗式。其楼下明间设承重(月梁形)四柱落地。其中前檐柱柱础,八边形,各面雕有暗八仙及花草图案;前金柱柱础为仰莲,覆盆为俯莲,线条流畅,造型优美;后金柱柱础为素面八边形;后檐柱柱础为鼓形。其后金柱间额枋上,有乾隆乙酉年立的横匾一块,上书"成志堂"。前檐柱楼上楼下错位,不是通柱。楼下柱顶有出两跳斗拱,前有牛腿支托檐口。次间楼下用五柱,各柱间设有随梁枋,承重月梁形。各柱下均用鼓形柱础。楼上为穿斗式结构,侧屋楼上楼下均为穿斗式。

中厅现存三间一楼梯弄,东侧屋及东厢房已毁,西厢房结构已改动。其明间面阔4.25米,次间面阔3.85米。楼下低矮,各缝均用五柱(明间中缝中柱不通楼上),且都用鼓形柱础,隔断用青砖清缝砌置。楼上高敞,明间梁架用四柱九檩,无中柱,柱顶卷杀明显,为五架梁带前后双步梁,梁断面呈鼓形,两端饰半月状龙须纹。前金檩下皮有浮雕,图案为丹凤朝阳及仙鹤祥云。次间梁架为抬梁穿斗相结合,为五柱九檩,各柱间均设双步梁,梁两端饰龙须纹,各步架间均有鸥鱼状单步梁。各间前后额枋上均设一斗六升平身科两攒。前檐靠天井设凉台,凉台上有宫式护栏,明间檐柱上有牛腿支托,凉台两端同厢房连接。西夹弄设楼梯,自南往北上。夹弄面阔

1.06米。天井内有一石缸,为明天顺七年(1463)制。

后厅平面为三间带一夹弄。两侧有厢房与中厅相连,中间有天井与中厅隔开。现两侧厢房结构已变动,主建筑结构完整。明间面阔4.6米,次间面阔3.95米,夹弄面阔0.82米,通面阔15.12米,通进深8.35米。该厅楼下楼上都非常高敞,明间用六柱,梁架为抬梁穿斗混合式,各柱之间设有双步月梁,梁嘴饰龙须纹。双步梁上设有童柱,童柱与中柱间又设单步月梁,梁嘴也饰龙须纹。次间也用六柱,梁架为穿斗式。其前檐设廊,各间相通,其余均有隔断。楼梯设有明间后廊,中柱间又有一道格子屏门将前后隔成两部分,格子屏门共六扇。次间前金柱间有隔断门窗。楼上前檐也设廊,各间互通,靠天井有护栏,护栏外有挡雨板。各柱柱头均设出一跳斗拱。前檐金柱间及檐柱间额上均设有一斗三升平身科两攒。次间中柱间也有一道枋,枋上有一斗三升平身科一攒,以承托脊檩。

五、世泽堂

世泽堂建于明代,占地面积800余平方米,坐北朝南。原三间三进两明堂带两三间四搭厢侧房,现存后进、侧房和一通道。

通道:用砖雕门楼,为两柱三楼牌坊式,屋脊饰有鸱鱼正吻及宝瓶,其墙体厚达62厘米。通道进深9米,面阔4.2米,二楼及楼下为世泽堂的主要出入口,楼上是两侧房的公用空间。

后进:面阔三间,两楼,其梁架皆为穿斗式,柱卷杀明显,柱顶设坐斗。

侧房:两侧房均为三间四搭厢,为典型的一脊翻两堂式,坐西朝东,邻街设正门,两楼,雕刻较细,为清代重建。

六、世德堂

世德堂建于明万历乙卯年(1615),天井深0.53米,宽2米,长6.7米,坐北朝南,为三间对合带一侧屋,占地面积200平方米。

前进:两楼、梁架皆为穿斗式,大门开设在东侧侧屋。

后进:楼上厅,楼下高3米,楼上高4.8米,明间面阔4米,次间面阔3.5米,侧屋面阔3米,进深4米。楼下明间用五柱,鼓形柱础,梁架结构为抬梁与穿斗相结合,有中柱。楼上用四柱,无中柱,结构为内四界带前后单步廊,梁上设斗拱,下垫有驼峰,五架梁两端用雀替加丁头拱承托,斗拱砍瓣明显。其后额坊上立一横匾,上书"世德",落款年份为"万历乙卯"。次间梁架为穿斗式,柱顶有斗拱。各柱柱顶卷杀明显。五架梁上出一跳斗拱,后额柱上用一斗三升平身科。

七、善述堂

善述堂建于明代中期,三间两厢,明间面阔3.75米,次间面阔2.9米,通进深10.6米,占地面积120平方米。坐东朝西,大门开设在南厢。用砖雕门楼,门楼顶设有鸱鱼吻及宝瓶。彻上露明造,明间梁架为内四界带前后单步廊,月梁造,用材较大,前檐有飞椽,五架梁上的斗拱造型奇特。次间梁架穿斗式,五柱落地,柱顶均有斗拱。天井较大,为一鱼池,四周用青石护栏,上有浮雕,制作精美。

"飞凤山边起凤桥,秋来三五有良宵。清光掩映林峦静,对影衔杯上下邀。"诗人陈建子在《凤桥晚月》中,站在起凤桥边,被那清光水影所陶醉,邀请人们来此赏月观景。现在,芝堰古村的开发,更为我们提供了十分便利的旅游空间，我们不仅可以在芝堰村领略山水风光、古村风情，更可以在炎热的夏季享受山村的凉爽、空气的清新、环境的优美。

第九章 "丰"字格局的永昌古村

　　兰溪市永昌街道永昌村历史悠久,周围有众多的古遗址,如孔塘殿山、许店山、大洋山以及墺背驻防所。从此地的孔塘殿山、大洋山、许店山等商周遗址的考古发掘情况看,该地早在商周时期就有人类活动,吴越时期已形成村落。这里出土了许多文物价值很高的石器、陶瓷器。其中唐永徽三年(652)的纪年墓出土的四系罐为国家一级文物,有很高的研究价值。

　　"先祖居汴梁河南巩县永昌之地,厥后徙于衢州,婿于兰溪徐氏,卜居此地,故名永昌。谓其地久天长、子孙永远蕃昌也。"明万历年间,永昌人赵贤佐在《永昌记》一文中描述了永昌之名的来历。永昌最初是由宋太祖之弟赵廷美第七世后裔赵公传迁入后形成的村落,明清时期由于其水陆交通便捷,成为兰溪主要的集市场所之一,汇集了大量徽商并建有会馆。

　　永昌古街位于永昌村,形成于元代,发展于明代,鼎盛于清代,距市区约10公里,330国道从古街旁穿过。

永昌古街

古街东西走向,全长1000米,宽4—5米,整个古街区占地面积15000余平方米,整体风貌保存相当完整。街区两侧有多条里弄向外辐射,格局呈"丰"字形。街区内有双溪贯穿而过,既为居民提供生活用水,也可做交通运输、消防、排污之用。东头掘有一排塘,环境优美。明万历二十四年(1596),赵贤祖《永昌赵排塘记》云:"邑之市镇永昌为最,镇之池水排塘为

永昌排塘

永昌溪

最。塘在中心,上下二湖通流旋绕。左连上堰,右接双溪,前遵大道,后附民居,有似乎排塘,故名也。"主要巷道有左右街、横街、水坑沿、西头掘(李山里)、墈背路、牛市巷、鹅市巷、樟林巷、六口塘沿、桥西巷等。临街是鳞次栉比的商铺店号,小巷深处则分布着民居、宗祠、寺庙、会馆等建筑。古街东西两头各立牌坊一座,分别是清乾隆五十九年(1794)诸葛氏节孝石坊和清乾隆四十七年(1782)童氏旌节石坊。过溪有石拱桥与20多间长40余米的水阁楼相连,白墙灰瓦马头墙,连绵成片,可谓"小桥流水,水榭倒影,商贾荟萃",既有江南水乡之特征,又有都市集镇之风味,好似一幅"清明上河图"展现在人们面前。

生活在永昌古街区的人民很早就开始从事各种商业活动。在历史古街上，分布着铁铺、烟行、商行、丝线店、照相馆等多种商铺。现在走在古街上，从街道两旁的古招牌中还能依稀感受到当年的繁荣。

永昌古街

古街区基本保持原有的格局和功能，商业气息浓厚。其现存建筑形式有石坊、拱桥、梁桥、古溪道、水阁楼、古店铺、古作坊、古民居、宗祠、商业会馆等，江南水乡风味浓郁，集居住、经商、作坊于一体，较完整地保存了历史风貌，是一处典型的江南街区。

永昌古街主要的非物质文化遗产有舞龙（迎龙灯）、舞狮、喜庆乐队、秧歌表演、小脚灯、花灯、抬阁等。永昌古街上还有传统戏曲演唱班。传统手工艺技术有剪纸、麦秆编、竹编、草编、木雕、石雕等。手工艺制品有篾制品、铁件、灯笼制品、洋铁皮工艺品等。

随着岁月的流逝、经济的发展，古街的盛况已不再。站在青石双拱的永昌桥上，桥东的桥东路和桥西的左右街变得很安静，让人的心也慢慢静了下来。永昌具有厚重的历史文化内涵，人们能够从中得到深厚的历史文化洗礼和陶冶。

永昌现存厅堂建筑有吴氏花厅、墩背路26号花厅、李氏蕃衍厅、崇德堂等，还有石牌坊2座，以及古桥、古井、忠义祠等40余处。永昌村永昌古街两侧存有大量的商业建筑，有琪记李山号打铁店、德济堂药店、篾业生产合作社、铁器店、酱油店等，历史风貌宛然。第三次全国文物普查公布的兰溪市不可移动文物名录中，永昌村有29处之多(永昌赵村有12处)。2016年底,永昌村被列为中国传统村落。

永昌村历史古建筑有以下几处。

一、徽州会馆

清代,这里汇集了大量徽商,他们集资建馆,徽州会馆占地300多平方米。三开间,前有庭院,垂花门。主建筑面积140平方米,雕刻富丽精美,浮雕古朴浑厚,线刻细致入微,人物栩栩如生,刀法雄健有力,内涵深远。垂花门面积16平方米。

二、崇德堂

崇德堂建于明清时期,三间三进三天井,后进为社堂,建筑面积为400平方米。

三、庵头古井

庵头古井为宋代开凿,上有青石井圈,位于徽州会馆东侧。

四、李氏蕃衍厅

清代末期,永康人肩挑小五金工具箱(篾制)来到永昌,生意不错,遂在此娶妻生息,繁衍后代,并建造李氏蕃衍厅(李氏大厅)留于后代。平面为三间对合,占地面积258平方米。

五、忠义祠

忠义祠是清同治元年（1862）为纪念湘军阵亡将士而建的，清光绪十五年（1889）兴办书院，民国初办学堂，占地面积886平方米。现主建筑已毁。

六、永昌桥

永昌桥为三孔半圆石拱桥，用分水尖桥墩，桥长21米，宽3.5米，两侧设护栏，各有12根望柱。望柱间为护板，各栏板上浮雕图案精美，有很高的艺术和历史价值。

永昌桥

七、牛市桥

牛市桥位于永昌古街内，青石平板桥。清吴演纶有《双溪跨虹》诗："小市长堤西自东，石桥左右卧双虹。农忙来往人如织，指点空蒙烟雨中。"诗中描绘的田园景色，读来令人神往。

八、节孝石坊

　　节孝石坊在桥东路排塘南岸。清乾隆五十九年为赵开来妻诸葛氏立。该石坊四柱三楼,全高7.3米,全宽5.64米。顶楼楼下面各竖"恩荣"石匾一块,四周环以双龙戏水浮雕图案,楼脊正中置葫芦状饰物,每楼楼脊两侧为龙嘴鱼尾吻,坊身有禽兽、人物、花卉、祥云等镂空装饰,丰富精美,形象生动,是一件不可多得的石雕艺术品。

九、旌节石坊

　　旌节石坊在永昌村西头掘街。清乾隆四十七年为永昌村邑庠生徐振兴妻童氏立。石坊四柱三楼,全高7米,全宽6.35米,坊身雕刻不多,纹饰简练。

第十章　独特奇妙的西姜古村落

西姜村位于浙江省兰溪市水亭畲族乡。村落距兰溪市区25公里，永游公路从村前穿过。自元代元贞元年（1295）姜维（202—264，三国时蜀国名将）37世孙姜霖定居营建村落开始，经明清两代建设，已形成一个拥有独特布局的村落，是全国最大的姜维后裔聚居地。

西姜民居（一）

西姜民居（二）

西姜村村域面积2.52平方公里，村民以珍珠养殖，水稻、棉花种植为主。西姜村坐东面西，依山而建，地势东北高西南低，从低到高垂直高度为19米。全村建筑以山势最高处为基点，由点及面，向西辐射呈纸扇形状规则展开，以村中16条纵向小巷为扇骨。民居错落有序,沿坡度阶梯排列构成扇面。村落格局的创意之奇、布局之妙,国内罕见。有单幢或多幢连体式明清时期民居110幢,青砖灰瓦马头墙,古色古香,古意盎然。

西姜村坐落于整个龙山之上,村中有两口井,谓"龙眼井",象征龙的两只眼睛,之前的一口池塘谓"龙口塘",象征龙的一张口。整个村的造型活像一条龙,呈扇形布局。凤岗就是龙山上的最高点,龙头高高翘起,恰似凤凰展翅。古人在村南端堆石,名威虎岩,西南小山岗为神猫岗,又在西面山坡上建造庙宇龙山殿,在相距龙山殿约500米处又有西林寺守卫。这样的营建格局形成了"左青龙,右白虎,前朱雀,后玄武"的人居佳境。

西姜村的地理位置、村落布局、建筑风格,皆具独特魅力。元代元贞元年姜维37世孙姜霖,任婺州教谕,当时兰溪始升为州,又任兰溪州学正。姜霖利用在职之便,认真仔细地寻游兰溪这块风水宝地,最终找到自己心中最理想之地——西岗(又名凤岗),并在此营构村落,时称西岗村,因恋念先祖,缅怀祖籍,亦名西姜村。

坐落于村西南的西姜祠堂建于明万历年间,占地3067平方米。2013年,西姜祠堂被列为全国重点文物保护单位。坐落于村东北的存义堂,建于明嘉靖三十四年(1555),占地515平

西姜祠堂全景

方米,其规模之宏大、建筑之精美,在全省位列前茅。

原位于村西的龙山殿、村西南的西林寺和西姜祠堂右边的节

孝牌坊皆建于明代,而且规模宏大,建筑精美,远近闻名。只可惜1950—1969年三处古建筑先后被毁,仅存遗址供人遐想,真是令人扼腕。

西姜村文化底蕴深厚,其特色文化体现一个"忠"字。村以姜姓聚居,因在伊山西面,故名西姜。据史书记载,姜是炎帝的后代之姓,因炎帝的出生地而得姓,为中国最古老的姓氏之一。村中的《凤岗姜氏宗谱》中记载了元贞元年姜维37世孙姜霖到兰溪为官后定居西岗(西姜村),后繁衍成7个姜氏村落,以北斗七星状"庇护"在诸葛亮最大的后裔聚居地(诸葛村)周围的事迹。据考证,西姜村的《凤岗姜氏宗谱》是迄今为止全国记载世系最多、起始年代最久远的族谱。《凤岗姜氏宗谱》,重修于民国三十年(1941),以传说中的炎帝、神农为第一代姜氏始祖,至今已经传承百余代。《凤岗姜氏宗谱》对于谱牒学和氏族源流、迁徙的研究有着特殊的意义。

根据对现有资料的初步梳理,西姜村至少有3个全国之最。

(1)西姜是全国最大的三国名将姜维后裔聚居地。

(2)西姜拥有全国独一无二的呈扇形规划布局的村落建筑。

(3)西姜拥有全国记载世系最多、年代最久远的族谱。

目前西姜村被列为中国传统村落。

一、西姜祠堂

西姜祠堂又称孝思堂,占地有3000余平方米。西姜祠堂宽敞的前院里有一条青石铺砌的甬道,迎面是二道门厅残破的门楼和屋檐,狮子、麒麟等动物石雕在草丛中随处可见。西姜祠堂内的匾上,"孝思堂"三字苍劲有力。

西姜祠堂的头门厅早已被毁掉,现在的平屋和两厢是新中国成立后建造的。门楼原来应该是四柱五楼牌坊式,青石门框之上有"百世瞻依"石匾,门下地栿、旗杆墩雕刻有简洁的图案,一对憨厚可爱的小石狮面面相觑,在一丛油菜花中显得活灵活现。二道门厅面阔十一间(现存六间),进深六檩,明间原有活动式戏台,已毁,其余各间为楼上厅,穿斗式梁架,各穿制成扁作月梁并在其上置缴背式横木,童柱做鹰嘴状,檐柱为抹角内凹石柱,檐檩下用一斗六升斗拱,无撑拱,出廊靠山墙处辟边门。二道门厅后是双层青石天井,巨

西姜祠堂外围墙

西姜祠堂(一)

西姜祠堂(二)

大的抱鼓石散落路边,步三级台阶上天井,再步两级台阶入中厅。

中厅为主建筑,三开间带四周回廊,通面阔19.3米,通进深13.7米,用材硕大,九脊单檐歇山顶,明次间均系抬梁式。前廊为

卷棚。檐柱为方形石柱。覆水椽,花脊鸱鱼,屋顶舒展,屋柱林立,明间屏门上方悬"孝思堂"白底墨字堂匾,四面凌空开敞,整个单体建筑"眉宇轩昂,相貌堂堂",好比运筹帷幄的军师,又似英姿飒爽的武将。厅内面阔五间,进深十三檩,周围廊式,除了20根檐柱为青石抹角柱、硕形柱础外,其余均为梭形木柱、扁鼓形柱础。各间梁架均用抬梁式,梁栋健硕,

西姜祠堂鸟瞰图

西姜祠堂中厅

空间高敞,五架梁对前卷棚后双步再接前后双步,各架间用猫儿梁连接,卷棚用粗短的双层月梁叠加,檐柱施倒挂龙撑拱、象鼻昂斗拱,前后内额明次间各用一斗六升斗拱各两攒。所有构件露原木,不施油彩,雕饰古朴,冬瓜梁两端刻龙须纹,柱头栌斗刻瓜棱形,雀替刻万字纹、菱花纹、丁头拱、骑栿拱刻凹凸线脚,异形上昂刻仰覆莲等。中厅建成400余年来不染尘土,不结蛛网,木构件整洁如新。

中厅后有天井,寝堂在五级台阶之上,面阔五间,进深六檩,加上左右偏院各三间两厢,形成明五暗十一的格局,似有"越制"之嫌。寝堂用穿斗式梁架,前出廊,青石抹角内凹檐柱,方砖斜铺墁地,除了象鼻昂、丁头拱、扶壁拱外几无雕饰,隔扇门尽毁。偏院主

厅面阔三间,进深七檩,用材纤细,明间抬梁式,五架梁对前后单步,次间穿斗结构。两厢面阔七间,进深六檩,前出廊,青石抹角内凹檐柱,檐檩下用一斗六升斗拱,无撑拱,内部穿斗式梁架,梁栿做法类似二道门厅。在厢房最西端还连接辅房各一间,尚存格子门扇和镂空雕花石栏。

庙中奉祀炎帝、神农、姜子牙、姜维等姜氏祖先,这在家庙中是绝无仅有的。虽然几百年的历史不可避免地在它身上留下斑驳痕迹,但古旧中依然透露着磅礴气势。目前为止,在江南还没有发现比西姜祠堂规模更大的祠堂。

让人称奇的是,经历400多年风雨的西姜祠堂,梁架上既没有鸟雀营巢,也找不到一根蛛丝,甚至连灰尘都很少,虽然有些地方受到了损坏,但整体上整洁如新,这实在让人难以置信。

西姜祠堂内景(一)

西姜祠堂在1985年和2005年先后被公布为市级文物保护单位和省级文物保护单位,2007年下半年由浙江省文物局进行了第一期维修,主要对中厅和寝堂的瓦件、椽条进行翻新,并配置了新的鸱鱼。2013年被列为全国重点文物保护单位。

西姜祠堂内景(二)

二、存义堂

存义堂,市级文物保护单位。由著名理学家宋濂题匾,前后三进,青砖门楼,厅堂柱高5—6米,粗细需成人双手合围,天井四周饰有雕刻精美的牛腿。其规模之宏大、建筑之精美,为众人所叹服。门前左右两边立有旗杆石、进士石,原为三进两明堂,现为两进一明堂,2008年投资35万元进行重修。

存义堂正面

西赆南琛天井

三、西赆南琛

在西姜村,有明代古建筑防火墙,其门台上的方框内写有"西赆南琛",意思是:四方皆来朝贡。赆,意为贡物;琛,意为珍宝。出自北周庾信的《哀江南赋》:"西赆浮玉,南琛没羽。吴歈越吟,荆艳楚舞。"

西赆南琛门面

四、中医世家姜炳根故居

明清时期,西姜村姜氏在各地开中药铺并坐诊的有10多家。在本村的有三四家,其余分布龙游、衢州、水亭、游埠等地。姜炳根出身于中医世家,一家四代行医,开设中药堂并坐诊,民间送其匾曰:积德乃昌。

中医世家姜炳根故居(一)

中医世家姜炳根故居(二)

五、古井

西姜村中有两口古井,都位于西姜村西,一口位于西姜62号门牌姜锦泉家门前,另一口位于西姜91号门牌姜顺生家门前。两口井相距30米,如一双眼睛,古又名"龙眼井",象征龙的两只眼睛,须加以爱护。相传明代就有,太平天国时被闭,民国初年重挖,现井中水仍可饮用。这两口古井彰显了西姜

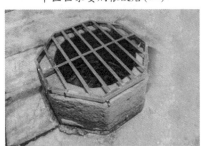

西姜古井(一)

西姜古井(二)

村村民悠久的生活气息。

六、西林寺

一位过路高僧发现西姜村地理环境极佳，是块风水宝地，因此在此地建庙，名西林寺，占地2124平方米。

西林寺山门朝北。进山门，西林竹院中间是五神庙，院内翠竹伴随着神庙前的烟香烛光，显现出一幅清静神圣的画面。

三进正殿坐东朝西，步入头殿正门，布袋佛趺坐在台基的中间，满脸笑容，给人一种轻松愉快的感觉，其背后是韦驮佛。过了头殿是一处宽敞的天井，内栽有桂花树，每逢花期，花香四溢。

再进二进，是大雄宝殿，观音菩萨端坐中央，两旁壁厢是十八罗汉神像。

从五神庙到文武堂，由西向东一层高过一层，层层深入，总长度达60米左右。寺址现成经堂自然村。

七、石板路

西姜村，从姜霖定居至今已有700多年的历史，漫长的历史留下的不仅仅是西姜古村古老的历史与文化，还留下了悠远而绵长的乡愁

西姜石板路

记忆。

西姜祠堂是明万历年间建成的,从西姜祠堂的建筑规模看,其建造至少经过了四五十年。

西姜祠堂旁边长长的石板路也应该有400多年的历史了。

第十一章 葡萄形格局古村上戴村

　　兰溪市兰江街道上戴村由东侧的乌龙山、北侧的万罗山与柱竿山、南侧的外坞山、西侧的莲塘与农田围合而成。上戴村被山林围绕,依山而建,受地势影响,村内建筑较为密集,多处成盆地状布局,村子犹如隐于山林之间。

　　上戴村有"九龙十三岗"之称。"九龙"为:长坞、金针坞、担柱坞、观山坞、大介坞、铁奠坞、东坞、江西坞、莲塘坞。十三岗为:长坞岗、金针岗、担柱岗、大介坞岗、铁奠坞岗、东坞岗、姚百弄岗、

上戴村村口标志

来龙山岗、前园岗、笋壳婆岗、上园岗、石宕岗、朝山岗。还有三畈——上畈、西坞畈、莲塘畈,由此形成了葡萄形的地形地貌特征。

　　上戴村位于风景秀丽的柱竿山山脚下,民居围绕村中心的旺塘而建,村中地名有前戴门、店塘面、大坞里、塘源厅、上角、四间头等,呈放射状格局,重要建筑也都在水塘四周,总体如一"井"字形,街巷为鹅卵石衬石板路面。村中现存建筑有上戴祠堂、仲信堂、花萼堂

等9个厅堂以及民居、古井、古巷、古石阶等，以清中叶建筑为多。环绕整个村的水塘有莲塘、店塘、大坞塘、坟口塘等15个之多。

上戴村位于兰江街道北部，是一个坐落于山林之中、水塘繁多、四面环山的山水村落。上戴村距离兰江街道办事处11公里，属丘陵地形。往东到兰江街道的厚仁村，往西到永昌街道的沈家村，南北两侧为农田，只有几条田间小路。

宋淳熙年间（1174—1189），戴姓自兰溪十一都戴家庄迁居莲湖，后裔分布在莲湖（莲塘）之上，故称上戴。元朝时，村庄逐步形成规模，一直发展至今。古村街弄四通八达，犹如扇形八卦，以村中心水塘为核心，通过5条弄口向外呈扇形辐射，再由

上戴村全貌

上戴村古建筑

上戴村古民居

大大小小的20条弄口连接而成。

村中亦有多处山体连接,呈盆地状。其中以旺塘一侧为开口,犹如一个倒"U"形布局。村中的建筑多依山而建,隐于林中。整个村庄好似一幅美丽的江南风景山水画。

一、上戴祠堂

上戴祠堂始建不祥,现存为清同治年间重建,占地2180平方米,七开间,为一"回"字形四合院建筑。中厅三开间,歇山顶,全部用青石柱,牛腿等雕刻戏曲故事。大门三间,门各有抱鼓,俗谚"三门六抱鼓,抵过宰相府",较有特色。1997年9月被公布为兰溪市文物保护单位。

上戴祠堂航拍

上戴祠堂门面

二、仲信堂

仲信堂又名小宗祠,位于旺塘北侧,靠石塔山而建。仲信堂共三处大门,中间为大门,两侧为半拱形小门。大门两侧各立有一座石狮子,石狮子两侧又各有两支旗杆。

三、花萼堂

花萼堂又名花厅,建于清朝,位于旺塘西北侧、望槐堂西侧,"回"字形格局。靠山而建,地势较高,先上一段台阶,然后进入前厅门前的平台,后进入前厅。前厅门面上有青石雕刻图案,后厅大门为圆形拱门,厅内柱子以及二楼墙门都为木头雕刻,技艺精湛,图案丰富。

四、存心堂

存心堂位于古村中心。存心堂为两层土木结构,坐西朝东,正东面为厅前水塘。

存心堂边上为民居建筑,为两层土木结构,一楼分为南北两间,中间隔着一条1米左右的过道,供来来往往的村民行走。一楼窗户为圆窗,二楼窗户为木制,由梁与柱形成方形木制板,共3个窗。其中过道顶上的窗户主要是供古时女子坐在窗边绣花或观看楼下风景之用的。

五、敦睦堂

敦睦堂位于存心堂东北角,亦围绕水塘布局。"文革"期间,敦睦堂因火灾被夷为平地,现仅存几个石柱墩。

六、亲贤堂

亲贤堂靠山面水,位于存心堂东侧正对面。存心堂、亲贤堂、敦睦堂三处形成了上戴古村的中心地带,皆围绕水塘布局。以斤前水塘南侧的山林为界,该地带犹如一个四合状,周围又是山林围绕,成为一个天然的山谷地带。因历史原因,亲贤堂已不复存在,通过仅存的几个石柱墩还能分辨出它曾经的布局。

七、望槐堂

莲湖戴氏祖先生有二子,分别建造了望槐堂与承宗堂。如今望槐堂只剩后厅,承宗堂只剩部分石柱墩。每年的二月初一,戴氏族人会把位于柱竿庙的亚父神像请入后厅中摆放,以供村民祈福、祭拜。

望槐堂为五进四院式,后厅内设有台阶,中间可摆放亚父神像。后厅东侧是碾米以及生火的地方,以供祭拜亚父神像的香客以及守护庙宇之人餐饮之用。

至明洪武元年(1368),明朝开国皇帝朱元璋下敕,何、戴、梁三姓经营鱼花业免税,并赐免税优惠之匾额,悬挂于上戴村望槐堂。遗憾的是,匾额毁于"文革"时期,匾额之文由当时的县水产局抄存。

八、慎德堂

慎德堂位于莲湖西侧,即前戴门区块内。呈"回"字形,大门上方写有"慎乃俭德"四字。门口前方有一块平地,约高于地面1.5米,由台阶路进入平地。

九、明德堂

明德堂位于大坞塘南侧、竹园西侧,始建不详。门口呈"八"字形,开在厅堂的侧面,由台阶路走入。门口上方写有"维新祖继"四字。

十、仲文厅

仲文厅位于石塔山北侧,在原先可继堂位置新建。厅堂门前为平地,门口上方写有"追本崇源"四字。

十一、敦本堂

敦本堂为后期新建,位于村中部。屋顶两侧各写有"福""寿"字样,大门与门顶之间写有"竹叶三斯",门口两侧、靠近屋顶处各有一个圆形窗口,其他部位没有开窗。

十二、崇德堂

崇德堂位于村中部,结构与敦本堂相似。屋顶两侧各写有"福""寿"字样,大门与门顶之间写有"崇其九德",门口两侧、靠近屋顶处各有一个圆形窗口。

第十二章　美丽乡村下孟塘村

兰溪市永昌街道下孟塘村,原属孟湖乡,以水田为主,区域面积1.65平方公里。下孟塘村现在已与上孟塘村合并成孟塘行政村。原先的下孟塘行政村下辖下孟塘和西湖2个自然村,9个村民小组,380余户,1000余人口,耕地1400余亩。村民以种植蔬菜、水稻和养殖珍珠为主。

下孟塘村世居徐、范两姓,据《孟塘徐氏宗谱》记载,其先祖徐必大于元至正三年(1343)与范姓女结婚,自婺州迁入此处落户,后逐步形成以徐姓为主的村落。因村前有大塘一口,"塘以孟名,巨浸庞然",人称孟塘,村在塘下,故称下孟塘。下孟塘村古建筑众多,村巷平和安宁。村中有上族祠、嘉庆堂、文昌阁、龙珠殿和石牌坊等明清古建筑。其中,上族祠为全国重点文物保护单位,嘉庆堂为浙江省重点文物保护单位。正因如此,该村的美丽乡村建设,也透露出一种古色古香的韵味。2020年,下孟塘村被评为美丽宜居示范村。

下孟塘村上族祠

下孟塘村在游埠至诸葛的公路边,村外高地上的龙珠殿、孟塘殿显得十分古朴,据说里面供奉了北汉谏议大夫呼延廷(因主张通宋而被满门抄斩,幸存一子呼延赞,呼延家族是与杨家将齐名的"呼家将")的塑像。下孟塘村中的春节民间文艺活动"小脚灯"(又名采茶灯、小脚灯舞),是兰溪著名的非物质文化遗产,明宣德年间(1426—1435)就已出现,有花篮舞、彩车舞、彩马舞、打花鼓等演出,中间穿插丑角逗乐,并配以民间曲调,饶有风趣。

下孟塘村外围因新农村建设早已焕然一新,而上族祠和嘉庆堂附近还是古屋林立,犹如旅游散文中常提到的"失落的家园"般古老而亲切。

一、上族祠

上族祠即徐氏大宗祠、孝伦堂,坐北朝南偏东6°左右,占地面积为1700平方米。它由门厅、正厅、寝堂、厢房以及4个偏院组成,无论从总体布局、大木结构还是木雕细

上族祠

部看,都与西姜祠堂和生塘胡氏宗祠相似。尚存"邦关重望"古匾,年号不可辨,所以在无史料可查的情况下推断其为明末清初建筑。上族祠曾一直用作下孟塘小学校舍,保存较为完整。上族祠总体呈"回"字形布局,正厅独立,其余建筑互相连接。中轴线上分布有门厅、正厅和寝堂,两侧有东西厢房并经廊庑连接,形成一个

四周闭合、中厅独立的"回"字形建筑,结构保存十分完整。

门厅面阔五间,进深七檩,前檐八字门,有抱鼓石,两旁照壁置砖制斗拱各三攒,正门檐下置平身科三攒、柱头科两攒,均用五踩重翘斗拱,拱面制成象鼻昂,月梁式额枋正中雕刻戏曲人物并施彩绘。进入门厅,抬头可见天花藻井,用十四攒五踩重翘斗拱撑托,其余各间为楼屋,有精致的隔扇窗,后檐柱用抹角青石方柱。门厅两山墙有门洞通入水门祠和土地祠两座三间两厢偏院,梁架简朴,无雕饰,其中水门祠为楼上厅结构。厢房各七间,进深六檩,穿斗式,前出廊,原有隔扇已无存,抹角青石檐柱,方砖错缝墁地。寝堂高于天井四级台阶,面阔五间,进深六檩,穿斗式,前出廊,原有隔扇也无存,抹角青石檐柱,方砖墁地不同于两厢,为斜铺式。寝堂旁另有两座偏院,梁架类似土地祠。正厅单檐歇山顶,面阔五间,进深十三檩(露明部分),周围廊式,屋顶用覆水椽和飞椽,四周檐柱为抹角青石方柱,檐下有壶嘴状撑拱、异形上昂和象鼻昂。内部高敞,用材硕大,给人以震撼力。各间梁架均为抬梁式,五架梁对前后双步再接前卷棚后单步,四角有出45°的穿枋连接,梁柱节点处用素面雀替,骑栿拱顺檩方向出两翘。卷棚顶的龙骨椽线条优雅,各种月梁形态饱满,龙须纹流畅,极富建筑的韵律美。所有柱头卷杀圆和,柱础有碩形、鼓形两种。荷叶墩、异形上昂等构件雕刻精美。

二、嘉庆堂

嘉庆堂为宗族支派大厅,又名高玄厅,坐西朝东偏北16°左右,占地面积500余平方米。平面为三间三进一穿堂,均采用棱柱、月梁,月梁断面近矩形,隔梁下垫有斗拱。特别是穿堂,设有藻井,四周用斗拱承托，形制古朴，为明代建筑。前、后进等处，清代进行重修。

嘉庆堂由门厅、正厅、穿堂、后厅和厢房组成，主要建筑为明中前期遗构，门厅

嘉庆堂文物保护碑

与两厢为清末改建。嘉庆堂现为七户村民共用，保护现状较差。门厅面阔三间，进深七檩，门外有四柱五楼牌坊式砖雕门楼，部分楼檐毁坏，雕饰较简洁，正中阳刻"乡会联捷"。内部明间两缝抬梁式，五架梁对前后单步，用童柱，次间山缝穿斗式，檐下用回纹牛腿，两厢各三檩两间，鹿衔仙草牛腿。过天井为正厅，面阔三间，进深九檩，屋宇高大，用材考究。正厅明间两缝为抬梁式，五架梁对前后双步，次间山缝抬梁穿斗混合式，五架梁上骑栿拱顺檩方向出三翘，拱瓣明显，朝明间一边装饰象鼻昂和云纹枫拱，双步梁上骑栿拱顺檩方向出两翘，金柱头顺檩方向出单翘斗拱，梁柱节点用雀替和丁头拱，后檐有一斗六升扶壁拱，前檐牛腿疑为清末添加。月梁断面矩形略外弧，两端刻满月状龙须纹，单步梁为鸥鱼状，柱子用梭柱，圆形讹角栌斗，红砂岩硕形柱础。正厅后有纵向穿堂与后厅相连，左右出廊有隔扇，与山墙围护成两小天井，形成"工"字形布局。穿堂顶部有用出跳斗拱撑托的天花藻井，中心一间四周有单翘三下昂九踩斗拱，部分残损。后厅面阔三间，进深六檩，全穿斗结构，梁枋上有缴背遗法，襻间有工形拱。

三、花厅

花厅是村里一处典型的古民居,坐西朝东偏北15°左右,三进两明堂式,南边再相连三合院式边房一组,清中期风格,现为五户村民共有。外墙两座门楼用两柱一楼仿木牌坊式,额枋阳刻"■壁联奎""泰岱联辉",砖雕和石雕工艺精湛,内容丰富,有人物故事、鸟兽花卉、几何图案等,可远观亦可近看。内部三进九间加左右厢房均为走马楼式单檐楼屋,第二进底层做抬梁式,用作客厅,后进全穿斗结构,用作卧房。檐下有美人靠,牛腿为狮、鹿、草龙等造型,鼓形柱础,三合土墁地刻方格线,天井用青石铺设。

下孟塘村所保留的诸如花厅之类的民居建筑就显得生动活泼,砖木之间流露出的是当年主人的性情、趣味、追求,借助最本能的"肌肤之亲",我们似乎能触摸到其中的情感。其实,古建筑本身就是有情感的。

第十三章 千年古镇上的潦溪桥古村

潦溪桥村距兰溪市游埠镇政府驻地0.5公里，距兰溪市区19公里。杭金衢高速互通口离村1500米，兰游公路从村旁经过，交通便利。潦溪流经村西南面，西部靠马鞍山（章氏祖坟）。

潦溪桥村全景

地处三江平原，属亚热带季风气候，温和湿润，雨量充沛，四季分明，阳光充足。该村世居章姓，另有范、吴、徐、方等姓。

潦溪桥村原名潦溪章村，因建村于潦溪桥头，故改现名。村民以养殖珍珠和经商务工为主业。

潦溪桥村位于游埠集镇西北面，与集镇相连。村落形成于元代，该村至今保留有古桥、古民居、古厅堂等许多古建筑。潦溪桥村东面有两个巨大的池塘，波光浩渺，润泽四野。这两个池塘里的水都特别清澈。村祠堂前有片空地，作为小广场。每天傍晚时分，村民都会围着环村路散步，妇女们则在小广场上聊聊天，感受着家乡的美丽。

村里有一条400米长的街道，道路中间铺着青石板，两旁嵌着鹅卵石，再配上粉墙黛瓦的老房子，看上去真像一条古街。走在青石板铺就的村巷中，给人的第一感觉是清爽、干净。两边整齐的房子，在绿树的掩映下，显得十分恬静。

潦溪桥村世居章姓，章氏世祖及公唐时官至刺史，迁居福建浦城，其十六世孙天叙公（兰溪始迁祖）迁至兰溪，官至学政，因此，又被尊称为"学政公"。学政公子孙昌盛，其中一支迁至潦溪桥村。该村的古建筑遗存多为清代至民国年间建造，并具有相当的整体规模，基本保留了江南古村落的传统风貌和格局。

潦溪桥村古建筑群始建于清康熙年间（1662—1722），建筑风格多为白墙灰瓦马头墙，造型独特，气势恢宏，雕刻工艺精湛，布局合理。随后陆续建造了无逸堂、敬德堂、雍睦堂、友恭堂、孝友堂、久思堂、丁隆堂、继述堂8座厅堂，都是肥梁胖柱、三进两天井的结构。清代道光年间，章修宣建造了11幢三间三进两天井的楼房（民间称11间楼），内分前门、中厅、后堂，门楼高大宏伟，均是砖雕匾额，刻有花卉、人物、鸟兽等图案，但各堂门楼均不相同。如今保存完整的两幢门楼：一幢门楼上刻"云蒸霞蔚"，上下左右雕饰《借东风》等10台戏剧的人物；另一幢门楼题"南极生辉"四字，上下左右雕以花卉、狮、鹿、鸟雀等图案，加上仿效11间楼而建的一批楼房，矗立于四周，有"梅屏的谷，潦溪桥的屋"之美名。第三次全

潦溪桥村古建筑群

国文物普查公布的兰溪市不可移动文物名录中,潦溪桥村有46处。潦溪桥村是一个有深厚历史文化积淀、蕴含丰富历史文化内涵的古村落。

一、潦溪桥

潦溪桥俗称摇车桥,兰溪市文物保护单位,为游埠镇上第一座桥,位于潦溪桥村南200米处。潦溪桥建造于明朝,清雍正四年(1726)重修,后道光十九年(1839)再次重修。该桥为四孔青石平板桥,全长37米,宽1.9米,高3.73米,横跨在潦溪之上。桥身泊岸与桥墩都用当地青石并联垒砌而成,桥墩北边设分水尖。桥面每孔用4根青石条,上铺青石板,桥面栏杆为后期添建。在桥梁北侧刻有"雍正四年(1726)全城章氏重修""道光十九年(1839)全城章氏重修"字样。

相传此桥原来是一条独木小桥,每逢洪水,即被淹没,待水退后方能通行。

潦溪桥村有一个范姓寡妇,靠手摇车纺纱度日。有一年农历五月十三游埠庙会,范氏腋下夹棉纱前往赶集,时值雨季,去时潦溪已开始涨水,待棉纱卖完返家,水势猛涨,木桥已被冲毁无踪,数百赶集群众皆伫立桥头望溪兴叹。范氏也在桥头犯愁,心想:如果溪上是座石桥多好啊,那么发洪水时仍能通行。自此,她日夜辛勤纺纱,省吃俭用,坚持十多年,积攒了百余两银子。

一天,范氏拿了银子与邻村一石匠商量造石桥。消息传开,方圆几十里的人都深受感动。于是石匠们自带口粮,开山凿石,垒墩砌桥;村民自愿组织义务搬运;还有许多关心公益的人慷慨解囊。

万众一心唯恐不力。因此不到两年工夫，一座横跨在潦溪上的石桥建成了。当地群众为了纪念范氏纺纱造石桥的善德，就把潦溪桥叫"摇车桥"。

二、无逸堂

无逸堂是兰溪市文物保护单位。三间三进两明堂带一门楼建筑，坐北朝南，面积605.20平方米，明清时期建筑。该建筑门楼为一开间带两个三间两搭厢，外八字形砖雕

无逸堂外景

矮墙。用四柱、中柱落地，各柱柱头置坐斗，前半部用月梁，上有木墩及驼峰，后半部抬梁与穿斗相结合，月梁造。前进明间用四柱七檩，即五架梁带前后单步，月梁造，前后廊都为月梁造，次间五柱七檩，为抬梁与穿斗相结合，明次间各柱柱头置坐斗。中进明间也用四柱七檩，为抬梁式五架梁带前后双步，月梁造，前后廊都为月梁，后两金柱间置一"无逸堂"牌匾，次间用五柱九檩，即抬梁与穿斗相结合。明间各柱柱头置坐斗。后进为楼屋。楼下前廊用月梁，其余都为穿枋。前后檐柱柱头置坐斗。过廊都为一开间，前中进用硕形柱础，后进用鼓形柱础，硬山顶，屋面用望砖。

三、香火堂

香火堂为硬三间建筑,坐东朝西,面积89.35平方米。清代时期建筑。该建筑明间梁架为五架梁带前后单步,月梁造,次间梁架为抬梁与穿斗相结合,前廊用月梁,前檐柱上置牛腿。鼓形柱础,下垫柱顶石,三合土地面,硬山顶。

四、友恭堂

友恭堂为三间两进一明堂楼屋,坐北朝南,面积260.29平方米,民国时期建筑。该建筑设两柱砖雕门楼,前进明间四柱,梁架被后期改建吊顶无法看清,次间用五柱,梁架为抬梁与穿斗相结合。后进为楼屋,楼下梁架为扁作梁承重,前廊用月梁,次间梁架为穿枋承重,各柱柱头置坐斗。楼上梁架为穿斗式。过廊为一开间,鼓形柱础,三合土地面,硬山顶。

五、雍睦堂

雍睦堂为三间四进四明堂带两偏屋建筑,坐东北朝西南,面积684.81平方米,清末时期建筑。该建筑为两柱砖雕门楼,四朵砖雕斗拱支托脊楼。前进明间四柱九檩,即抬梁式五架梁带前后双步廊,扁作梁造。次间用五柱九檩,抬梁与穿斗相结合。各柱柱头置坐斗。第二进前进也为四柱,为穿斗与招梁相结合,月梁造。次间用五柱,招梁与穿斗相结合,各柱柱头置坐斗。明间前后廊都为月梁。第三进梁架为抬梁式五架梁带前后单步廊，扁作梁造。次间招梁与穿斗相结合。第三、四进前后廊与过廊梁架都已改动。第四进明间梁架为抬梁式五架梁，圆木梁造，

雍睦堂

次间抬梁与穿斗相结合。过廊都为一开间。第三进为硕形柱础，其余为鼓形柱础，不垫覆盆，硬山顶。该建筑东南边有两个三间两搭厢偏屋。

六、大夫第

大夫第为五间对合带一偏屋楼屋，坐北朝南，面积435.71平方米，民国时期建筑。该建筑前进明间用扁作梁承重，次、梢间都为穿枋，前廊升起，设"喜"字平棋，并设里外额枋，与前进后额枋都为月梁。厢房为一开间，额枋用月梁。青石开井，楼上梁架为穿斗式。该建筑西侧有一三间两搭厢偏屋，已基本损毁。鼓形柱础，三合土地面，硬山顶。

七、张建中民居

张建中民居为三间两进两明堂带一楼梯弄楼屋，坐西朝东，面积265.90平方米，清末时期建筑。该民居设两柱砖雕门面，脊楼正

中置葫芦宝瓶,两端饰鸱鱼正吻,脊档正下方置刻有"棣萼联辉"的横匾,下方小额枋刻有戏曲人物图案,青石门框。前进前檐墙内设金鼓架,楼下都用扁作梁承重。楼栅下用丁头拱支托,前廊升起,设平棋,前廊用扁作梁,前额枋用月梁。次间梁架为穿枋。后进除前廊用月梁外,其余都为穿枋承重,前廊升起,设平棋,青石开井,天井间檐柱上置"S"形牛腿,楼上梁架为穿斗式,楼上天井四周设晾台。鼓形柱础,三合土地面,硬山顶,圆栅。

第十四章　唐朝诗人方干
后裔聚居地厚伦方村

在兰溪游埠至诸葛的公路线上,有一个美丽的村子,叫厚伦方村。

厚伦方是兰溪西部的一个村,隶属诸葛镇。2019年6月,厚伦方村被列为中国传统村落。在2019年12月中央农村工作领导小组办公室等公布的全国乡村治理示范村名单上,厚伦方村榜上有名。厚伦方村不大,一条简易的柏油小道直通村子,全村以养殖珍珠闻名,养殖面积达1300余亩。走进村里,处处可见水塘,水面上浮着一排排用可乐瓶做成的浮球,珍珠养殖业的收入占全村总收入的一半以上。

厚伦方村是一个古朴的村庄,是畲族的聚居地,2003年10月经兰溪市人民政府确认为少数民族村。地处丘陵,区域面积1.6平方公里,其中耕地1638亩、水面600亩。下辖厚伦方、相公殿山、上竹塘、樟塘垄和午塘殿下5个自然村。

厚伦方村文化广场

厚伦方自然村世居方姓,元时自云灵源(马涧溪源)衍分至此定居。据史料记载,该村始祖方干,始居桐庐白云源(今芦茨村)。方珉为始迁祖,字明三,元代时从兰溪云灵源迁至大平乡后陵,后逐渐发展成为一个家族,于是改后陵为厚伦。其始居太平乡厚伦桥边,为不忘祖先,取村名为厚伦方。后迁入张姓,村袭旧名。至明代,渡渎章懋纂修《兰溪县志》,复改订后陵谓厚伦,以寓奖劝之意。

厚伦方村,古老而清新,美丽而大气。看上去,掩映在树木之中的农家老屋,比比皆是,这些老屋大部分没有特别出众的建筑特色,但有着数百年的历

厚伦方村方氏宗祠

史。村中心方氏宗祠规模宏丽,门楼显赫的"进士"题额,昭示着厚伦方曾经出过进士。与方氏宗祠仅隔数米远有爱敬堂,爱敬堂是厚伦方的骄傲,这处明代中晚期的建筑,楼上厅木结构有着独特的藻井装饰,雕刻极为精致,令人叹为观止。

厚伦方祖先为方干(? —约888),字雄飞,号玄英,新定(今浙江建德)人。为人质野。每见人设三拜,曰礼数有三,时人呼为"方三拜"。爱吟咏,深得师长徐凝的器重。一次,因偶得佳句,欢喜雀跃,不慎跌破嘴唇,人呼"缺唇先生"。桐庐章八元爱其才,招为过门女婿,遂居家白云源。唐宝历年间(825—826),参加科举考试不第,以诗拜谒钱塘太守姚合。初次见面,因其容貌丑陋,姚合看不起他。待读过方干诗稿后,姚合为其才华所动,于是满心欢喜,一连款待数日。开成年间(836—840),方干常与寓居桐庐的喻凫为友,并与李频唱和,诗来歌往,关系甚笃。大中年间(847—860),流

寓会稽鉴湖。咸通年间（860—874），浙东廉访使王龟慕名邀请，一经交谈，觉得方干不仅才华出众，且为人耿直，于是竭力向朝廷推荐。终未被起用。孙郃在诗中赞叹他"官无一寸禄，名传千万里"。

方干擅长律诗，诗清润小巧，且多警句。其诗有的反映社会动乱，同情人民疾苦；有的抒发怀才不遇、求名未遂的感慨。文德元年（888），方干客死会稽，归葬

厚伦方村办公大楼

桐庐。门人相与论德，谥曰"玄英先生"，并搜集他的遗诗370余篇，编成《方干先生诗集》传世。《全唐诗》编有方干诗6卷348篇。宋景祐年间（1034—1038），范仲淹守睦州（今浙江建德），绘方干像于严陵祠配享。

一、爱敬堂

爱敬堂，俗称大楼，考《厚伦方氏宗谱》卷一"阳基图"（民国三十年即1941年绘制），标为爱敬堂。硬山顶，楼上厅，砖木结构。两楼三间一楼梯弄。明间宽4.35米，次间宽3.9米，楼梯弄宽1.15米。通进深7.9米，明间中缝各有一根中柱至楼板搁栅而止。楼板至金柱柱头高4.1米，柱头至脊桁垂直距离约3米，明间中缝前后檐柱及前后金柱高7.6米。梁架结构为抬梁与穿斗相结合。该建筑是兰溪市使用斗拱最多、最有特点的民居之一。

《厚伦方氏宗谱》只载爱敬堂方位图,无详细文字记录,据本村方泽亭、吴永清等人反映:明崇祯十四年(1641)造厚伦方塔,当时所余砖块曾用来修理此建筑。现结合结构特点分析,该堂应建于崇祯十四年以前,属明中晚期建筑。

二、厚伦方古塔

厚伦方有座古塔,其貌不扬,默默无闻。这座古塔坐落在厚伦湖中,建于明崇祯十四年,为八面楼阁式砖塔,现残存四层,高约22米。塔内顺梯可登顶。塔身用砖一丁一卯叠砌,四周开拱券门,各层平砖和菱角牙子叠涩出檐。据说此塔在建时,村里屡出怪事,造成人员伤亡,后听风水先生说与建塔有关,遂放弃建塔。塔未经正式命名,俗称"无头塔"。套用时下流行语,这座古塔属"烂尾工程",不过这一"烂"时间真长,屈指一算过去了380多年。

如今,厚伦方如其村名厚道有加,村庄建设有声有色,不同凡响,让人流连忘返。

第十五章 抗元名将、帝师故里三泉村

　　三泉村位于风景秀丽的柱竿山下，距离黄店镇政府2.8公里，距离兰溪市区11公里，东距省级风景名胜区白露山4公里，西北距省级风景名胜区芝堰村6公里、距省级风景名胜区新叶村8公里，东南距省级风景名胜区诸葛村13公里。三泉村因地有喷泉三眼，而得名三泉。

三泉村全景

　　古代村址的选择讲究负阴抱阳，金带环抱。三泉村则是背负青龙，面向白虎（如意山），周身十山环抱，象征天地与四面八方，亦有诸多池塘、山泉星罗棋布，山水环绕，藏风聚水，内含造化。

　　三泉唐氏始祖为唐休复，徙居余杭；十一世孙唐光朝，字国华，行千十五，宣义郎，宋孝宗淳熙二年（1175）赘居童知府宅八年，出箮岭徙居三泉屏风塘左，开始了三泉发展的历史。

　　三泉村四面环山，海拔在50—350米之间，地形相对平缓。柱竿山307.4米，青龙山163.5米，木鱼山119.9米，如意山102.5米，金珠岭129.9米，金堂山111.0米，将军山104.6米。整个村庄呈现出被山体包围在其中的格局。

三泉村游客中心

村中有水塘，民居环塘而建，呈放射状。村北建有世德堂，为祭祀宋末抗元名将唐元璋、唐良嗣而建。

三泉村名人荟萃，宋代有抗元名将唐元璋、唐良嗣，明代吏部尚书唐龙、状元唐汝楫以及帝师唐瑜的故里也是三泉村。

唐瑜，浙江兰溪人，永乐十二年(1414)，任官分职，游宦入蜀，定居川东北大巴山深处的宣汉县南坝镇官池坝。

朱元璋有26个儿子，长子朱标被立为太子，第九子和第二十六子夭折，其余儿子均被封为亲王。洪武二十五年(1392)，朱标病亡，立朱标之子朱允炆为皇太孙。1398年，朱允炆继位，年号建文，史称建文帝，又称惠帝。建文元年(1399)，朱棣起兵反叛。1402年，兵临南京，建文帝战败，史称"靖难之役"。

"靖难之役"后，朱棣称帝。据说建文帝因战败而下落不明，成祖朱棣坐卧不安，寝食难安，下令务必要找到建文帝，活要见人，死要见尸。于是，成祖组织了大量的"别动队"到国内外搜寻。据道光十八年(1838)《唐氏族谱》记载，永乐十二年，唐瑜任官分职，游宦入蜀，寓夔至达(今四川省达州市)迁东邑(今宣汉县)，因见其土地肥沃，风光旖旎，故定居前河兰木沟(今南坝镇官池坝)。据推测,这时唐瑜入川,实际上是为巩固朱棣的政权。那时的南坝,已是三峡地区通向川北和陕南的重要驿站。

建文四年(1402)6月,为躲避朱棣的追杀,朱允炆只好逃出京城,隐姓埋名,云游四海。据史料记载和历史考证,落难的朱允炆最后踏上了巴蜀大地,到过泸州、重庆、邻水、巴中、南部、阆中和达州等地。这些地方留下了朱允炆大量的遗迹和传说。据考证,明代宗景泰年间(1450—1457),朱允炆病亡于达州中山寺。代宗皇帝命礼部僧房司选派高僧印秀和尚(号碧丰,天津宝坻人)前来治丧。印秀和尚把中山寺扩建为"通州(即达州)第一梵刹",又按帝陵标准在中山寺东侧建墓室,经历数百年风雨,地宫至今仍保存完好。明神宗万历年间曾予整修,命吏部尚书卫承芳前往督工,著《重建中山寺碑记》传于后世,并在小河嘴龙王潭处建造明惠庙以纪念之。现庙虽已毁,但两株黄桷树仍根深叶茂,高大参天。

在探知朱允炆避居大巴山后,监视惠帝的重任交给谁呢?思来想去,朱棣觉得最合适的人选还是自己告老还乡的恩师唐瑜比较可靠,令其以游宦入蜀之名做掩护,赶赴四川监视惠帝朱允炆的一举一动。至此,帝师唐瑜入川之谜已解开。

三泉村既有深厚的文化底蕴和丰富的人文资源,又有美丽田园。

2012年8月,学善堂被公布为兰溪市文物保护单位。2013年3月,世德堂被公布为全国重点文物保护单位。三泉村于2017年被列为浙江省传统村落,2019年被列为中国传统村落,2023年被列为浙江省历史文化名村。

一、世德堂

黄店镇三泉村世德堂,位于风景秀丽的柱竿山下,坐北朝南。据《东鲁唐氏族谱》记载,世德堂始建于宋绍兴年间(1131—1162),己亥年(1179)秋重修鸠工,辛丑年(1181)告竣于

三泉世德堂

夏。此厅为宫殿式建筑,三间三进两明堂。前进及砖雕坊式门楼建于明嘉靖元年,中进始建于宋淳熙八年(1181),后进重建于民国初年。主建筑为中进,为三泉村始迁祖唐宣义郎光朝公建于宋淳熙八年,用材硕大,进深开间别具一格。其明间梁架为七架梁带前五架卷棚,后双步梁,前檐有出三跳,重昂斗拱支托,共九攒,主体梁架即七架梁、五架梁、三架梁之间的间距很小,几乎相叠,俗称"九鳌三叠梁",虽经道光年间重修,但现局部仍保存宋代建筑风貌,其形制基本与宋营造法式吻合。柱础呈菱形状,厅长72米,宽17米,占地1224平方米,门前两旁有一对石鼓。

据《黄店乡文化志》及《女埠镇志》记载:唐元璋,又名太初,字子焕,南宋末年三泉村人,为文思院官(掌造金银犀玉工巧之物),曾就学于兰溪桐山后金村理学名师金履祥先生处。南宋末年,唐元璋以一介书生率侄唐良嗣高举抗元大旗,招募金、衢、严三府勇士,成立义军,带义军迎击元军于黄溢滩。后来粮草不济,弹尽粮

绝，寡不敌众，至元十五年（1278），唐元璋壮烈牺牲于龙游白云寺前。唐元璋战死后，唐良嗣也牺牲于江山仙霞岭下，年仅34岁。兰溪女埠百姓感于唐元璋之忠烈可嘉，在其留下右肢的山坡上建一祀庙，以便后人祭祀，取名"留肢殿"。女埠及兰溪城郊黄溢诸村则建"公鲁庙"，额书"英烈大帝"以避嫌，因唐姓属东鲁郡，故取公代东，以免遭元朝廷迫害，纪念香火绵延至今，已有700多年的历史了。

南宋皇朝得知唐元璋为国捐躯，在文天祥等的保奏下，帝宴下诏敕封唐元璋为将仕郎，唐将仕之英名流传后世。三泉村人更把世德堂改称为将仕厅。

后人为此曾赋诗以赞，曰："血溅龙游地，肢留女埠山。死生三府地，功绩壮心丹。"

此厅是集元、明、清建筑特色为一体的古代建筑，曾多次重修，是较为珍贵的遗产，具有较高的文物价值。所谓"宋元忠义昭示日月，明清科甲威震乾坤"，是三泉村800余年"文武世家"的光辉写照。

三泉村古时有十厅一明堂，十厅有白露厅、旧厅、七房厅、六房厅、冬官第、五份厅（学善堂）、龙头厅、义份厅、十份厅、楼下厅。现旧厅、楼下厅已废弃。义份厅在何家村，十份厅在范宅村。明堂在原旧厅的后面。村中"春、夏、秋、冬"四厅早已不见踪影，冬官第系2003年重建。

二、三泉

三泉村有赤、白、清三股泉水，也称上、中、下泉。赤泉，又名红泉，据传在世德堂西首栋柱底，泉水呈微红色，传说若常饮此水，将会膂力过人。先祖恐后代力气大而容易招祸,故而掩埋了。白泉位于佛山脚的田脚边,水略呈玉白,味甘,据传用此水制酱不易生虫。白泉由于不用而逐渐干涸,民国二十三年(1934)大旱,村民曾重新开挖修整,现有少数近泉人家饮用。清泉,又名西井,也称古西井,位于和合山南麓,泉水清澈,含有多种矿物质,泡茶有水渍。清泉旁另有泉水,是同一泉源,名瓮塘,水深尺余,面积半亩左右,常年有泉水流出,冬暖夏凉。先祖光朝公(千十五公),因此泉水幽美而迁三泉定居。

三、学善堂

学善堂又名五份厅,位于兰溪市黄店镇三泉村五份里路43号南面,为三间三进两明堂建筑。坐南朝北,面积524平方米,为清代早中期建筑。

学善堂内景

该建筑前进明间为五架梁带前后双步廊,月梁造。梁两端刻有龙须纹,上有坐斗,垂莲柱状,三架梁上驼峰为狮子状。前额枋上有两工字拱,后檐柱上置仙人牛腿,檐檩下皮刻有龙凤图案,边上刻有回字纹、元宝图案。四金柱间置戏台,金柱、檐柱用鼓形柱础。次间为穿斗、抬梁相结合,五柱九檩,硕形柱础。厢房为两间,用月梁,刻有龙须纹,檐柱上置牛腿。中进明间为五架梁带前后双步廊,月梁造。两端刻半圆形龙须纹,梁下有雀替,五柱九檩,柱上有坐斗,前檐柱上置狮子、仙人牛腿。次间为抬梁、穿斗相结合。硕形柱础,下垫覆盆,前两进用斜墁地砖,上有望砖。硬山顶,后进已毁,现已新建。

学善堂用材硕大,雕刻精美,具有较高的科学、历史、艺术价值。

四、"第一山"摩崖石刻

柱竿山上还有一处胜景不能不提,即"第一山"摩崖石刻。摩崖石刻位于三泉村柱竿山岩石上,距柱竿山顶峰"第一山"约500米,西边50米处即"殿基"(齐芳书院遗址)。齐芳书院为宋代三泉村人唐良骥创办。唐良骥,字德子,是南宋抗元将领唐元璋之长子,博学能文,举明经。他与金履祥是好友,这从他写的《赠金仁山》中可以看出。诗之一:"公已苍头我黑头,两情常得守清幽。纷纷世事浮云变,汩汩人生逝水流。行止何期南又北,交情又见夏还秋。可堪天意常如此,只合无心任去留。"诗之二:"命有穷时道不穷,命穷何处更求通。此生未老应须学,万事由来要适中。物欲尽时心始旷,天真动处气初融。百般佳处难形状,自与常人迥不同。"

"第一山"摩崖石刻系宋末元时著名理学家金履祥在齐芳书院讲学时所题。"第一山"的"山"字竖写,宽80厘米。该题刻无题款及直接记载,据《东鲁唐氏族谱》记载:齐芳书院为唐良骥建造,延仁山先生讲学。另据《宋仁山金先生年谱》记载:成宗元贞二年(1296),金仁山先生65岁时讲学于齐芳书院。据有关资料及民间传说,"第一山"三字确系金履祥先生所书。

五、柱竿庙

柱竿山山脚的柱竿庙也是一处不可多得的景点。原建于柱竿山巅(现有殿基,当时称福佑庙),元初迁建现在庙址,改名为柱竿庙。咸丰末年(1861)被太平军烧

三泉柱竿庙

毁,同治年间重修(1864年左右),由正殿、偏殿、脚屋三部分组成,占地面积670平方米。偏殿塑有千手观音、地母娘娘、济公和尚等神像,"文革"中被废,正殿今存。1928年2月,兰溪地下县委会在三泉村柱竿庙召开全县党员代表会议,到会代表30余人,改选了中共兰溪县委,增选了工农出身的党员为县委委员,以邵博慈为县委书记。现在柱竿庙已成为兰溪市爱国主义教育基地。

清代卢巨川的《恭味三泉图三首》之一将柱竿山的人文景观描摹得淋漓尽致:"柱竿挺拔特钟灵,百出留传祖德馨。士道无双延道学,山登第一溯芳型。金堂气绕冬官第,紫障光腾将仕厅。更有非常名胜在,翁塘玉水涌淳淳。"

第十六章 "活水排形"上包村

　　兰溪市黄店镇上包村位于兰芝风情线上、三峰山山脚,北面与三峰殿口村相接,东北面与大坞陈村接壤,东南面与甘溪村、范宅村接壤,西南面与八角井村接壤,西面与上唐村接壤。上包村有山峰万年耸立于前,鹤山千载屏障在后,苍松蔽天,翠柏掩映,群山环绕,溪流潺潺,确有龙盘虎踞之态势。上包村包氏始于楚国大夫申包胥,以王父字为姓。一府君原居于睦州桐庐包家山,自唐以来,以儒业起家,传九世至普济公。宋元祐五年(1090),包普济官授金华,以官为家,因兰溪山川秀美,遂卜居于兰溪十四都一图三峰之阳纯孝之乡循义之里,号称青塘包氏。

　　来到美丽的上包村,漫步在兰芝风情线上,我们真切体会到了上包村的绿美。上包村因为鹤山屏障在后,琴池环绕在侧,自然环境优美,被人们形象地称为鹤山琴池、绿美上包。鹤山是上包村的太祖山,因为其形神极像仙鹤

上包村航拍

而得名。鹤山的鹤头在村南,翅膀伸向村北,村落布局以鹤山为向导。鹤山上最多的就是松树,晚上的鹤山有着"明月松间照,清泉石上流"的意境美。

上包村村口古樟树

上包村内绿化程度非常高,南村口竹林成荫,又有银杏、古樟、茶树一路呼应,池塘边上柳树摇曳,池中碧波荡漾,可谓"绿叶成阴子满枝",整个村庄因为绿色而美丽。

远看,上包村处在一个小型盆地之中,四周群山环绕,东面有逶迤的白露山,南面有巍峨的柱竿山,北面有高耸的三峰山,西面有雄伟的玉华山。

近看,甘溪河道从西南面飘逸而来,狮子山、虎山在甘溪河道两岸对峙,蔚为壮观。包普济自宋代从金华迁址到上包村,就是选中了上包村三面环山、一面临水,至今有900多年了。

上包村中间低、三面高,低的地方形成了凹地。先民就在这凹地营建了三口池塘,依着地势,一口连着一口,如同一串珍珠。这三口池塘就是上包村的中轴线,村中房屋以3口池塘为轴,向两面伸展。

村中房屋门口大多是朝池塘方向开的。在池塘东南面的,房屋门口朝西北开。在池塘西北面的,房屋门口朝东南开。在村宗族祠堂附近的房屋,又以祠堂为中心,两边相对,形成对称。

上包村坐落在甘溪河道的"凹"处,体现古人"择水而居"的选址理念，负山带水，坐西南朝向东南，位于鹤山与上包岗山之间，山恰好起到天然挡风的屏障作用。房屋依山及地势而建，有着"背山面水风水好，临近道路交通好"等特点。全

上包村池塘

村的雨水都汇流入3口池塘之中，有农家"肥水不流外人田"之感。在风水理念中，水代表的是才气、财气、运气，就是聚财，运道好。

古村街弄四通八达。以村中心的3口池塘为核心，3口池塘如珍珠般相串，2条平行的古驿道与3条纵向的古巷道连接，弄口向外辐射，再有大大小小的16条弄口，网状分布，纵横交错。村庄为长方形，恰似浮排，因此称为"活水排形"。

上包村依山而建，村内建筑顺山势走向灵活布置，砖石砌筑的建筑、青灰色的小瓦、尺度宜人的院落，随处可见的花木，形成了上包村独特的山居风貌。建筑整体形象优美，如世淳堂、仁让堂等都体现了村族文化——上包村的廉政文化。上包村的古建筑十分独特，现存古建筑有世淳堂、春晖堂、亦政堂、思善堂、仁让堂与鹤山殿。"世淳""春晖""亦政""思善""仁让"都隐含着廉政的理念与家风。上包村还建有廉政文化广场。

在廉政文化广场南侧有一处"清月听琴"景观。它是利用自然流水营建的荷塘，并在荷塘中以小石堰围筑"荷影清月"，以"伏羲制琴""听琴桥""琴瑟亭"及松、竹、梅等组合而成。

廉政文化广场北侧的琴池，名叫"曦鹤舞琴"，有一小水塘，呈

现的"闻琴起舞"仙鹤景观与"清月听琴"景观中的"伏羲制琴"雕塑恰好产生了一动一静的呼应效果。

上包村村民还群策群力,建起了仿古建筑上包包氏宗祠,成为浙江省廉政文化教育基地。

包氏宗祠

上包村名人辈出。宋朝有包克、包安、包敏,一门三进士,皆为官于睦州。明末包德怀为刑部左侍郎。故上包宗祠有对联曰:"宋朝三进士,明末一秋官。"现代包茨为著名天然地质学家。1949年夏毕业于南京中央大学地质系,担任西南石油学院地质勘探系教授、四川石油管理局总地质师。他对创立中国天然气地质学理论有突出贡献。

上包村的特色优势为古村文化、水文化、廉政文化及民间民俗文化。这里吃的水米糕、荞麦烧,住的古香古色的古楼房,让人留恋。

沿路走过,新农村、美丽乡村建设后的石径、竹篱、卵石路、马头墙、木头架构、徽式瓦房、水塘、鹤山、琴池、宗祠与廉政文化公园等,将"绿美上包"呈现得淋漓尽致,如置身画中。

上包村,一种古代文明与现代文明交融的精神所在,一种世代传承的家规家风的理念所在,一种不甘落后、敢为人先的志向所在。

一、世淳堂

世淳堂位于兰溪市黄店镇上包村鹤山西路23号，三间两进一明堂建筑，坐西朝东，面积304平方米，为清中期建筑。

该建筑前进明间、前金柱后檐柱间为八字门

世淳堂

面。檐柱间设额枋，上有龙须纹，檐柱上置鸥鱼状牛腿。明间梁架为五架梁带前后双步廊，用扁作梁承重，梁下有雀替，金柱间设戏台。次间用穿斗式梁架，中柱落地，设看台，厢房为两开间。后进明间为五架梁带前双步后单步，月梁造，上刻龙须纹，下设雀替，前檐柱上置鸥鱼状牛腿。次间抬梁与穿斗相结合。五柱落地。后檐墙上设神龛，北次间廊下置墓碑一块，字迹模糊，疑为明代碑，碑高2.44米，宽0.76米。用望砖，硬山顶，鼓形柱础，下垫覆盆，三合土地面。该建筑在该村具有重要地位，有一定的文化价值。

二、春晖堂

春晖堂位于兰溪市黄店镇上包村鹤山西路24号，三间两搭厢带一楼梯弄骑马楼，坐西朝东，面积117.35平方米，民国时期建筑。

正门用青砖门台。明间楼下用扁作梁承重，梁上刻回字纹及元宝、如意图案，下有雀替。前额枋上刻回字纹及戏曲人物图案，前檐柱上置牛腿。骑马楼下额枋为回字纹及祝寿图,柱上置鹿衔仙草牛腿。次间用穿枋,额枋上有回字纹雕刻。楼上天井四周用格子窗。南次间墙壁画有 10 幅关于财务管

春晖堂

理制度的宣传画,为"大跃进"时期作品,东次间也有宣传画。三合土地面,鼓形柱础,硬山顶。该建筑雕刻较为精美,特别是宣传画完好无损,具有较高的历史价值。

三、亦政堂

亦政堂位于兰溪市黄店镇上包村鹤山西路7号,坐西朝东,三间两搭厢楼屋,建筑面积112.56平方米,建于清代晚期。

亦政堂明间楼下用扁作梁承重,刻回字纹。前金柱上用额枋,枋上刻龙须纹及戏曲人物,枋下用戏曲人物雀替,前檐柱上置戏曲人物牛腿及斗拱。内额枋上置"亦政堂"牌匾一块。次间用穿枋,厢房前额枋上刻回字纹,檐柱上置花卉图案牛腿。全部用方栅,硬山顶,三合土地面,圆形柱础。

亦政堂在上包村中有一定地位,曾在民国期间办过私塾,具有一定的历史价值。

四、思善堂

思善堂现为包伯华、包海泉宅,位于兰溪市黄店镇上包村鹤山东路16号,三开间三进两明堂建筑,坐东朝西,建筑面积286.42平方米,建于民国十七年(1928)。

该建筑为楼屋。前进明间楼下用扁作梁承重,梁上刻回字纹及如意图案,上有木墩及花板,四柱落地,后金柱间设堂门,后额枋及厢房额枋上刻回字纹及戏曲人物,后檐柱上置戏曲人物牛腿,上有坐斗及花板。次间用穿枋,五柱落地。中进明间前廊用刻有回字纹及戏曲人物的扁作梁,其他用穿枋。前额枋上刻有回字纹及戏曲人物,前檐柱上置戏曲人物牛腿,全为五柱落地。后进跟中进之间设砖墙隔断,进出门开于中进南次间。该进明间楼下用扁作梁承重,上刻有回字纹及戏曲人物。前额枋有龙须纹及人物雕刻,前檐柱上置花卉牛腿,四柱落地。次间用穿枋,五柱落地。该建筑全部用方栅,三合土地面,鼓形柱础,硬山顶。该建筑规模宏大,雕刻精美,建造年代明确,具有一定的科学、历史、艺术价值。

五、鹤山殿

上包村村口有一殿,名叫鹤山殿。坐北朝南,是座古殿。据史料记载,该殿于北宋元祐八年(1093)之春择鹤麓之首东侧、芝溪之沿北岸而建,俗称水口殿,至今已有900多年。

第十七章　撩开上唐古村神秘面纱

上唐村位于兰溪市西北部,距兰溪市区19.5公里。因唐姓村民居住在小溪上游,故名上唐。唐氏于南宋淳熙年间由三泉迁居上唐。上唐村地处半山区,位于一狭长谷坳

上唐村全景

中,民居围绕村中心水塘而建,呈放射状格局,重要建筑也都在水塘四周,总体如一"井"字形,街巷为鹅卵石衬石板路面。村中建筑有上唐宗祠、狮子厅、桂花厅、承启堂、唐兆升孝子石坊、万松寺以及民居、古井等,现存建筑以清中叶建筑为多。2019年,上唐古村落被公布为中国传统村落。

唐氏自南宋迁居于此地后,人丁兴旺,人才辈出,始成大族。村内有十响班,演徽戏,还有舞龙、舞狮等,传统工艺以草编、剪纸、粮食砌为主。中医是上唐村的传统医学。

上唐村因古建筑保存完整,受到国内外有关学者的重视。2004年,美国哈佛大学东亚语言文明系包弼德教授、隆德大学东方语言

系史雯博士在浙江师范大学地方史研究所所长、资深教授方如金，浙江师范大学人文学院副教授龚剑锋的陪同下，率团30余人来到上唐村进行了例行2天的考察。专家教授对上唐村的风土人情、保存完好的古建筑十分赞赏。

上唐古建筑群（一）

上唐村明清建筑群为市级文物保护单位。村内现存明清宗祠和民居40余座，以水塘为中心建于山坡之上，布局合理。较有规模的厅堂有狮子厅、承庆堂、光裕堂、秀纪堂、积庆堂、桂花厅等。

上唐古建筑群（二）

上唐村有四大古宝：古建筑、古牌坊、古寺庙、古井。

一、承庆堂

上唐古建筑中最有名的要数承庆堂。承庆堂是浙江省文物保护单位。

承庆堂位于黄店镇上唐村北部，坐西朝东，占地面积236.63平方米，属清早期建筑。现存平面为三间两进一明堂。

承庆堂前进有楼，后进依地势而建，高于前进，地面基本与前进楼面相平，无楼。大门用泡钉包砖。前进楼下明、次间用五柱落地,设月梁,下层为穿榍,前廊仅设月梁。天井两侧由十二级石阶上后进及前进楼上。前进楼上明间中缝为五架月梁带前后双步廊,边缝梁架抬梁与穿斗相结合。楼上沿天井四周设晾台,雕刻精美。后进明间中缝为五架月梁带前后双步廊,边缝梁架抬梁与穿斗相结合。两进间有过廊相连,硕形柱础,下垫覆盆。斜墁方砖地面。

承庆堂前进为楼上厅建筑,后进依地势而建,做工考究,雕刻精细,具有一定的文物价值。

二、上唐宗祠

上唐古建筑中规模最大的要数上唐宗祠。上唐宗祠不仅体量大,而且建筑特色十分鲜明。

上唐宗祠坐落在上唐村南端,始建于明代万历丙辰年(1616),坐东朝西,48间。

上唐宗祠全景

民国五年(1916)修缮一次。中华人民共和国成立后修缮多次。后进为民国风格。1960年改办小学。1983年小学迁出。现存完整。

上唐宗祠为五开间三进"回"字形建筑。建筑面积1195平方米。前进为五开间,明、次间为五架梁带后双步,圆木梁,梢间四柱落地,穿斗式。檐柱青石柱,硕形柱础。中进为三开间,明间五架梁带前后双步,圆木梁。前额枋上刻龙须纹及戏曲人物,次间全用青石柱,硕形柱础,四周用青石地伏,歇山顶。后进为五开间,明间五架梁带前后单步,廊梁上雕刻戏曲人物,前檐柱用青石柱,置牛腿。次、梢间皆五柱落地,穿斗式,硕形柱础。南、北厢房均为十开间,明、次间为五架梁带前后单步,其余为穿斗式。檐柱为青石柱,鼓形柱础。三进地面均为斜墁方砖,厢房为沙合土地面。屋面设望砖,硬山顶。

上唐宗祠为上唐古村落主要厅堂建筑之一,形制高,规模大,具有较高的文物价值。

三、狮子厅

狮子厅位于黄店镇上唐村中部,坐东北朝西南,原为三开间两进建筑,现后进已毁,仅存前进。现存建筑面积166.4平方米。

狮子厅有精致的砖雕狮子门楼,因此得名。明间梁架为五架梁带前后双步廊,月梁造。月梁上用一斗五升斗拱撑托上面平棋,平棋下用十二攒斗拱撑托。丁字升斗拱十二攒,转角顶藻井。梁饰龙须纹。次间梁架穿斗与抬梁相结合。中柱和后檐柱之间置藻井,也用十二攒斗拱撑托。前檐柱上置鸱鱼状撑托,前后檐柱上皆设平身科。鼓形柱础,上有乳钉,斜墁地砖,硬山顶。

狮子厅为上唐明清建筑群中的主要建筑之一,建筑用材硕大,雕刻精致。

四、桂花厅

桂花厅位于黄店镇上唐村北部,坐东朝西,占地236.9平方米,清早期建筑,三开间两进两明堂,硬山顶,设望砖。

桂花厅因前进天井内有桂花树而得名。前进为主要建筑,前檐重檐,楼下明间用四柱,设月梁,两端饰龙须纹,前廊为四架卷棚,以鸥鱼状单步梁承托,次间用五柱,皆设穿楣。楼上梁架结构为穿斗式。前檐柱上置斜撑式牛腿,前檐地面设青石护栏。硕形柱础。后进进深较小,楼下明、次间皆用五柱,设穿楣。前檐柱上置斜撑式牛腿。天井青石铺设,鼓形柱础。两侧有厢房,单间。

桂花厅体量较大,木构件做工考究,是上唐村明清建筑群的重要组成部分,有较高的文物价值。

五、秀纪堂

秀纪堂位于黄店镇上唐村北部,坐北朝南,占地面积186.63平方米,清早期建筑,三开间两进一明堂,硬山顶。

秀纪堂设牌坊式砖雕门楼,雕刻狮子、花鸟等图案。前进前檐柱与后进金檐柱间有楼,进深较小,楼下明间用四柱,双层穿楣,间以夹竹泥墙。前廊设月梁。次间前廊设月梁两层,下层为穿楣。一级青石台阶至后进,后进无楼,明间五架月梁带后单步前四架卷棚,梭柱,上置瓜棱形栌斗。边缝梁架抬梁与穿斗相结合,各步架间设鸥鱼状单步梁,硕形柱础,下垫覆盘。檐柱上置龙纹牛腿,天井青石铺设。

该建筑原为上唐村唐氏村民的份头厅,后归私人使用。该建筑用材硕大,做工考究,牛腿等木构件雕刻精致,有较高的文物价值。

六、光裕堂

光裕堂位于黄店镇上唐村北部,坐东朝西,占地面积277.11平方米,清中期建筑。

光裕堂原有五进,20世纪70年遇火灾,现存三开间两进四厢,硬山顶。前进面阔三间两厢,北侧有一楼梯弄。大门开在南北两侧。楼下明间用四柱,月梁造,全吊顶,檐柱上置卷龙纹牛腿,硕形柱础,下垫覆盆。后进面阔三间,无楼梯弄,楼下用五柱,皆设穿楣,鼓形柱础。两进楼上梁架皆为穿斗式,制作简朴,隔断多用夹竹泥墙。前、后进间设青石天井,两侧建过厢。

光裕堂原为唐氏村民的份头厅,后归村民居住,是研究乡土建筑发展和民俗民风的实物资料。

七、积庆堂

积庆堂位于黄店镇上唐村北部、秀纪堂隔壁,坐北朝南,占地面积191.68平方米,清中期建筑,三开间三进两明堂,硬山顶。

积庆堂

积庆堂前进与中进间重檐。前进进深较小,用三柱,前檐柱与中柱间有楼,前廊设月梁与穿楣。中进楼下明间用四柱,全吊顶,楼上梁架结构为穿斗式,制作较简单。檐柱上置卷草纹戏曲人物牛腿。中进为主要建筑,后进制作较简单。后进楼下明、次间皆用五柱,设双层穿榍,楼上明、次间皆为穿斗式。前、中进用磉形柱础,后进用鼓形柱础。各进间设青石天井,两侧有厢房相连。后一进皆比前一进高,有步步高升之寓意。

积庆堂为该村唐氏村民的份头厅,是研究民俗民风、厅堂建筑的依据之一。

八、正德堂

正德堂位于黄店镇上唐村北部,坐北朝南,占地面积152平方米,清中期建筑,三开间对合楼屋。

正德堂前进楼下明间用四柱,后廊设月梁,其余用方形梁,两端饰龙须纹。次梁用五柱,设穿榍。后进为主要建筑。楼下明间用四柱,设月梁,次间用五柱,设穿榍。方栅,檐柱上置斜撑式牛腿。楼上设晾台,宫式栏板。楼上梁架结构简单,穿斗式。两进间设青石天井,两侧有厢房,单间。鼓形柱础,三合土地面。

该建筑主体梁架保存尚可,是上唐村明清建筑群的组成部分,应加强维护。

九、永锡堂

永锡堂位于黄店镇上唐村桃源塘西面,为两进两明堂建筑,坐西南朝东北,占地面积231.87平方米,清代早中期建筑。

永锡堂为楼屋,砖雕门楼。前进楼下用穿枋,廊用月梁,前额枋上雕有龙须纹,下有雀替及丁头拱,雕刻的花卉十分精美,檐柱上设雀替。主屋天井间设挡雨板,用夹竹泥墙隔断,明间设平棋,内额枋上置"永锡"牌匾一块。楼下隔断用青砖。后进楼下明、次间用月梁承重,设五柱,月梁上刻龙须纹,月梁下用穿插枋,天井四周设挡雨板,板上用夹竹泥墙隔断。楼上梁架皆穿斗式。鼓形柱础,三合土地面,硬山顶。

十、上唐新厅

上唐新厅位于黄店镇上唐村西部,坐西朝东,清末建筑,平面格局为三间两进一明堂,面积185.13平方米,砖木结构,硬山顶,设望板。

上唐新厅前进进深较小,明间用三柱,扁作梁,卷草纹。檩条皆用斗拱支撑。额枋皆为扁作梁式样,次间枋上设工字拱。后进进深较深,为主要建筑。明间用四柱,抬梁式,五架扁作梁带前后双步廊。次间用五柱,穿斗式。各檩条均用斗拱支撑。前、后进间设青石天井,两侧有过廊相连,过廊为单间。檐柱上置戏曲人物牛腿。鼓形柱础,下垫覆盆。

上唐新厅为该村的份头厅,后归村民居住,属上唐村明清建筑群的组成部分,对于研究清末及民国初期的建筑发展与民俗民风有一定的价值。

十一、忠孝祠

忠孝祠位于兰溪市黄店镇上唐村大塘西边,为三开间两进一明堂建筑,坐东朝西,面积179.26平方米,建于清代晚期。

忠孝祠前进明间为抬梁式五架梁带前后单步，月梁造，两端刻有龙须纹，下有雀替，前廊上方设平棋，前后檐柱用青石，前檐柱上置狮子牛腿，后檐柱上置仙人牛腿，次间用穿斗式梁

忠孝祠

架，前檐柱上置寿星牛腿。后进明、次间梁架为穿斗式，明间前檐柱用青石柱。鼓形柱础，三合土地面，硬山顶。

忠孝祠为上唐古村落重要建筑之一，人物雕刻精细，具有较高的价值。

十二、承启堂

承启堂位于黄店镇上唐村北部，原有五进四明堂，现仅存门楼及第三进，坐北朝南，面积97.84平方米，清早期建筑。

承启堂为两柱单楼牌坊式砖雕门楼，额枋上雕刻太师少师图案，雕刻较精细。第三进楼下明间用四柱，设月梁，后廊为四架卷棚。后额枋有高浮雕花鸟图案，雕刻极为精湛。次间用五柱，设穿枋。楼上梁架结构为穿斗式，枋间设夹竹泥墙，檐柱上置倒挂龙牛腿，后檐设飞椽。八角形柱础，斜墁方砖地面。

承启堂是上唐古村落主要建筑之一，具有较高的文物价值。

十三、白山庙

白山庙位于黄店镇上唐村南端,为三开间对合建筑,坐北朝南,面积202.67平方米,始建于明代,坐西北朝东南,内设有白山大帝、文武判官、五谷老爷等塑像。1947年曾重修一次,1952年塑像被毁。1986年复修一次。1998年7月,由洪秀凤、唐士龙主持修缮,现存建筑为民国时期的。

白山庙前进明间南面设八字门楼,为抬梁式五架梁带后单步,扁作梁造,次间为穿斗式。后进明间梁架为抬梁式五架梁带前后单步,次间为穿斗式。该建筑全部用当地方形青石做柱子。前进明间后檐柱及后进明间前檐柱上置倒挂龙牛腿。后进明间金柱与后檐柱间摆放白山大帝像。三合土地面,方形柱础,前进屋面为观音兜,后进为硬山顶。

白山庙为上唐村祭拜场所,为上唐古村落主要建筑之一。

十四、万松寺

万松寺又名万松禅寺,坐落在上唐村南端马鞍山腰,元至正年间(1341—1370)建,明初唐氏复建重修,坐东朝西,原有三进三间,计14间,内设有关公、文昌、观音、文武判官、十八罗汉等塑像。寺前还建有一座古铜塔,塔顶用青石做成翘角。古铜塔供丧葬和尚之用。1952年寺中塑像等被毁掉。正寺因年久失修,结构被破坏,大部分被拆去建造畜牧场。现存一进三间。2011年,在其旁复建三间。由村中12名老年女性及4名老年男性主持复建。他们是：王雪英、江寿珠、陈春香、吴素珠、唐友娥、唐赛云、陈彩红、董先爱、李汝凤、唐银姣、方先妹、倪爱姣、唐复双、唐庆康、唐奶仍、唐正良。这次复建重塑了关公、文昌、观音、文武判官、十八罗汉等塑像，恢复了万松禅寺牌匾。

十五、广林庵

广林庵又名经堂，坐落于上唐村村口，建于明朝嘉靖年间（1522—1566），原有前后两进，各为三间。右边侧屋是厨房，连一座骑街钟楼。由于历史的变迁与社会的变

广林庵

化，广林庵年久失修，后进倒塌，只留前面三间。2002年亦将倒塌。于是村民相继捐款重建前面三间，并塑像。主要供奉胡公大帝，左边为子孙堂，右边供奉关公。左侧塑有财神、五谷神，右侧供奉土地公公、婆婆。

十六、古牌楼

上唐村的牌楼较多，共有三座：唐兆升孝子石坊、上唐宗祠门前石坊、上唐墓道牌楼。

唐兆升孝子石坊坐落在黄店镇上唐村南端，建于清乾隆八年（1743）冬。石坊坐北朝南，为四柱五楼青石坊，面积17.77平方米。

唐兆升孝子石坊通
高8.5米，面宽7.6米。正
楼脊两端饰龙嘴鱼尾吻，
中间置葫芦状宝瓶，歇山
顶。次楼及梢楼脊也饰
龙嘴鱼尾吻。楼均以斗
拱承托。正楼下方两面

置双龙戏珠立匾，匾竖刻楷书"恩荣"二字。大额枋两面横刻行楷
"钦褒孝子"4个大字，左右分别竖刻当时闽浙总督及省、府、县官
名讳以及"大清乾隆八年"字样。中额枋上横刻楷书"为癸酉恩贡
士考授迪功郎唐兆升立"字样。下额枋有浮雕双狮抢球图案，左右
龙凤板有透雕麒麟、白鹤、祥云图案。梢楼下华板有浮雕鲤鱼跃
龙门图案，下额枋有浮雕八仙过海图案。花卉纹雀替。柱为青石
方柱，讹角内凹，柱两面设抱鼓石，雕刻龙喷水图案。石脚做须弥
座状。

唐兆升孝子石坊雕刻精致，图案生动，具有较高的文物价值。
唐兆升孝子石坊于1996年被公布为兰溪市文物保护单位。

上唐宗祠门前石坊是一个孝节牌坊，已修复。

上唐墓道牌楼，中间书有"龙章宠锡"4个字，下边书有"敕封
登仕郎康庵唐公墓道"11个字，两旁书有"大清嘉庆捌年，仲冬月
吉旦立"字样。

十七、上唐古井

上唐村的古井也较多，有9个之多，最著名的要数冷水塘边古井。

冷水塘边古井位于黄店镇上唐村北部、唐品华宅门口,因位于冷水塘边而得名。占地面积1.98平方米,长方形井圈,内89厘米×95厘米,外138厘米×142厘米。井圈用当地麻石砌置。内壁圆形,用杂石垒砌,井深6米。现井水较少。

上唐村地处偏远,周围多山,掘井取水是旧时当地居民生活的必备条件。该村保存的古井较多,从侧面反映了旧时山区人们的生活状况乃至村落形式与发展状况。

在黄店镇,上唐村的古建筑是除了芝堰村外,保存得最好而且数量最多的。

第十八章 汉高祖后裔聚居地刘家古村

刘家行政村为汉高祖刘邦后裔聚居地,位于兰溪西北部丘陵地带,南距黄店镇政府5公里,距兰溪市区19公里。据《刘氏宗谱》记载,元代时,汉高祖刘邦后裔由安徽池州迁居兰溪虹霓山附近刘店园,明永乐年间,由刘店园迁居刘家。刘家行政村辖刘家、夏唐、新唐、高丼、东坞5个自然村,村域面积5.72平方公里。村民以种植水稻、棉花、油菜为主,兼种植水果。村中有进士牌楼、宝训堂、敬承堂、燕翼堂等文化古迹。

刘家村民居以保存完好的徽式建筑而著名,村落里有20多幢明清时期的古建筑。宝训堂为村中最大的厅堂,三开间三进两天井。"圣世瑞徵"木门坊,建于清

刘家村全景

乾隆五十年(1785),牛腿、雀替等雕刻仙鹿、花草、人物等图案,工艺精湛。门前有一"鱼"形塘,造型逼真。整个村庄建筑排列有序,纵横分明,结构别具特色,保存也较完整,为研究明清以来江南古建筑的结构和风格提供了珍贵的实物资料。黄店刘氏四祠,由宝

训堂、燕翼堂、敬承堂、与耕堂组成，现为省级文物保护单位。

刘家村坐北朝南，依山傍水，地势高低错落有致，前依小溪，背靠后山，像一把庄严高大的"金交椅"。后山与门关山相连，宛如一条青龙奔腾跳跃而来；右边一条长长的山垄叫白虎垄。村落对面的铁钯山耸峙，飞凤形山起伏，山峦逶迤，与旖旎的白露山相接，加上村口象征"朱雀"的鲤鱼形新塘，以及樟树下的石五（谐音"玄武"）塘，使整个村落形成一个以"左青龙、右白虎、前朱雀、后玄武"为格局的典型的生态环境。

蜿蜒曲折的小溪、樟树下的水塘、一口用麻石砌成的泉井，还有那远处古老的刘家堰，为刘家村的旱涝保收提供了物质保障，整个图景构成了刘家村独特的村落风情。历代以来刘家村百姓辛勤劳作，凭借天时、地利、人和之优势，在村内兴建了大量的厅、堂、民宅，以及村中主要道路（至今保存非常完整），古时繁华仍依稀可见。

刘家村非物质文化遗产十分丰富，有着一定的传承意义。刘家月半节至今保存，连续性达100年以上，有传承人并且传承活动规模大，全村参与。刘家銮驾，当地称为"迎八宝"，遗有古代仪仗队习俗。传统组织管理性强，传统活态保持达100年以上。刘家村不仅有迎銮驾、猪羊会、刘家祭祖、演婺剧与月半节等活动，还有刘家糕点制作技艺、刘家寿桃馒头制作技艺、刘家豆制品制作技艺、夏唐荞麦烧制作技艺、刘家弹棉花、刘家剪纸、刘家打麻绳草绳、刘家竹编、夏唐箍桶、刘家造房上梁、新塘民间裱画、刘家墙画、刘家十字绣、刘家祭谱典礼、刘家麦秆扇、刘家绗缝等20多项非物质文化遗产。

一、宝训堂

宝训堂为刘家村宗祠，坐西朝东，硬山顶，占地面积530平方米，又名刘家大厅。大厅内的石碑记载，汝源公"创建宗祠三座"。利廿三公刘汝源明代嘉靖戊戌十七年（1538）出生，万历丙申二十四年（1596）去世。

宝训堂

刘家村《刘氏宗谱》是在明朝万历甲申十二年（1584）首次誊写的，是先建造好大厅，后誊写宗谱的。据《刘氏宗谱》记载，刘家大厅于明隆庆年间建造，清乾隆十八年（1753）遇火灾，二十四年（1759）重建。清嘉庆十九年（1814）再次重建。

二、敬承堂

敬承堂始建于清，占地面积290平方米。坐北朝南，硬山顶，三开间两进一天井，为前厅后堂楼式。砖雕门楼，饰蝙蝠及暗八仙图案，工艺精湛。大门置青铜铺首，大门上方置"德聚星辉"青石门匾。前进中缝梁架为明间五架月梁带前后双步廊，用直柱，鼓形柱础，彻上露明造。边缝为穿斗式。后进有楼，楼下为抬梁式，前廊为卷棚式。楼上梁架为穿斗式，靠天井一侧置格扇，计18扇。前、后进之间为青石砌天井，两侧设过廊。土火墙，三合土地面。右侧边屋为青石门面,上置"澹明居"门匾。对合楼,堂悬清道光三年(1823)题款"乐善可风"横匾,封火墙,三合土地面。

三、燕翼堂

燕翼堂,坐南朝北,硬山顶,始建于明,清重修。三进三间两天井,砖雕门楼,中进明间五架月梁带前后单步廊,后楼八角石础,前廊设雁翅板,占地面积306.2平方米。

燕翼堂

四、与耕堂

与耕堂位于刘家行政村夏唐自然村东北,坐西南朝东北。据宗谱记载,建于清康熙年间。现存为两进一明堂建筑,后进为堂楼。占地面积为216.23平方米。与耕堂门面为四柱三楼砖雕门

与耕堂

楼。前进用草架,草架下用平棋,平棋下明间用圆木梁架,次间用穿枋,明间前檐柱上置狮子抢球牛腿。后进楼下明间为扁作梁,梁

上刻回字纹。次间用穿枋。廊上用平棋,前檐柱上置如意牛腿。楼上梁架为穿斗式,四柱六檩。与耕堂内山墙四周均有堂门,建筑规模较大,雕刻精细,具有较高的历史、科学、艺术价值。

五、顺德堂

顺德堂又名夏唐新厅,位于夏唐东路40号。坐西朝东,平面为三进两明堂,始建于清代早期,占地面积为342.6平方米。顺德堂前进明间梁架为五架梁带前后单步廊,置戏台。次间用穿斗式梁架。前檐柱民国时期重换,上置鹿衔仙草牛腿。中进明间梁架用扁作抬梁,为五架梁带前后双步廊。次间用穿斗式梁架,扁作梁上用回字纹及如意图案,檐柱上置狮子戏球牛腿。后进明间用三架梁带前后单步廊。次间用穿斗式梁架。顺德堂建筑规模较大,做工考究,为研究乡村建筑发展提供了实物例证。

六、经德堂

经德堂坐西南朝东北,为三开间两进一明堂建筑,建于清代早中期,占地面积为211.86平方米。经德堂门面为四柱三楼砖雕门楼。前进明间用五架梁带前后单步廊,次间用穿斗式,前檐柱上置戏曲人物牛腿,厢房穿枋上用工字拱。后进明间五架梁为新换,前廊用双步廊,前檐柱上置戏曲人物牛腿,次间用穿斗与抬梁相结合梁架。堂内山墙四周用堂门。经德堂为夏唐自然村重要的厅堂之一,建筑艺术、风格与与耕堂相似,有一定的历史、科学、艺术价值。

七、思古堂

思古堂位于新唐自然村村东,清代建筑。坐西朝东,占地面积124.54平方米。三开间一明堂两厢,无楼。硬山顶,设望砖。思古堂明间五架月梁带前后单步廊,边缝梁架为穿斗式。明间后金柱间设神龛,大门开在南厢。鼓形柱础,下垫覆盆,天井青石铺设。思古堂是新唐村的份头厅,对研究该村民俗民风及乡土建筑有一定的价值。

八、怀德堂

怀德堂又称新厅,位于新唐自然村村东,坐西朝东,占地面积210.31平方米,属清代建筑。三开间两进一明堂,硬山顶。前后进明间中缝梁架皆五架月梁带前后单步廊,边缝梁架穿斗式,柱头有坐斗。前进后檐檩、后进前檐檩皆有高浮雕八卦、花鸟、鲤鱼等图案,整座建筑沿墙全设木板堂门。前、后进间设青石天井,两边有过厢,后进明间设神龛,鼓形柱础。怀德堂也是新唐村的份头厅,是研究该村民俗民风及乡土建筑的实物资料。

九、义报祠

义报祠又名追远堂,比宝训堂建造时间早,是由元四公刘洋之子亨十二公刘纹建造的。

十、高厅

高厅,青砖黛瓦马头墙,回廊挂落花格窗,高不见顶的古宅、活灵活现的空透雕,处处见证着清代的历史。古宅现在的住户刘伯豪说,这座古宅是从爷爷辈手上传下来的,因其"一层楼有三层高",被称作"高厅",具有较高的历史文物价值。

十一、新塘与樟树

根据宗谱和刘家村史,随着人口逐渐兴盛,明朝崇祯年间(1628—1644),刘家村在村口挖掘筑起新塘,并种上5棵樟树,塘占地面积700多平方米,距今已近400年。新塘像鲤鱼,从小桥头走下来的踏步像鲤鱼张开的嘴巴,靠近水塘有一口人工挖掘的圆井,如鲤鱼的眼睛,小溪道上又镶嵌着几块条石,如鲤鱼的鳍,樟树下又有两边分开的台阶,似鲤鱼的尾巴,鲤鱼的头部朝向村中小桥头的小溪,整体造型如鲤鱼戏水。这项工程的寓意是全村家家五谷丰登、年年有余。这是刘家村先人的杰出创造。

十二、一心亭

一心亭又叫石凉亭,位于永隆庙下首、夏唐村东300米、朱家溪对面,青石结构,由姻七八公名廷训等人建于清康熙年间,距今已有300余年。歇山顶,石构四柱,通高3.5米,占地9平方米,正方形,鸱鱼吐水状单步梁,大梁两端有龙须纹。

十三、新唐古井

新唐古井位于兰溪市黄店镇新唐自然村新厅南侧,占地面积0.61平方米,清代时期开凿。圆形麻石井圈,内径56厘米,外径88厘米,高40厘米,内壁用当地杂石堆砌,井深8余米,现已不用。新唐古井反映了旧时该村村民的生活状况。

第十九章 有理学灵魂的桐山后金村

兰溪市黄店镇桐山后金村,一个山清水秀的小山村,近年来注重挖掘、传承、融合该村先祖金履祥的理学文化,为美丽乡村建设注入了自己的文化灵魂。

桐山后金村航拍图

踏着春天的脚步,沿着"古村、古道、古驿站"的兰芝风情线,到桐山后金寻找金履祥的印记,一路风景一路情。

来到桐山后金村入口,一堵粉墙黛瓦的文化墙跃入眼帘,上面遒劲的"仁山书院"4个大字,提示你桐山后金村到了。

放眼望去,那一幢幢粉墙黛瓦的江南特色民居,充满了古色古香的气息。村口池塘边,一棵数百年的古樟树和一座清代的牌坊,为村子增添了历史厚重感。

桐山后金这个村名的来历,据《光绪兰溪县志》记载,金氏村民先于后梁龙德二年(922)由衢州桐山峡口迁至兰溪鸡鸣山脚,又于北宋天圣十年(1032)迁居此地,因思念故地衢州桐山峡口,故取名桐山后金。

距今为止，桐山后金村有900多年历史。村子最初依山坡地形而建，新农村改造后，村民们陆续在外围的平地上建起了新房，由此，古村的痕迹变得若隐若现。

仁山书院航拍图

桐山后金村坐落在三面环山的燕窝形的"凹"处，充分体现了古人"择水而居"的选址理念，负山带水，周边有9座小山，其水都向村前的小溪汇集，人们称为"九水归一"。

桐山后金村因村坐落位置史称"八卦地"而被称为"八卦古村"。村落坐向一反坐北朝南的传统建筑风格，而是选择坐西朝东，寓意让"桐山后金"永远沐浴着东方升起的霞光，枝繁叶茂，生机勃勃，兴旺发达。村子南面有座福泉庵，东面斜对仁山，有仁山书院，西面背靠小钓山。进入其中，似在迷宫中行走，村中道路以村中心水塘为中心向外辐射，呈九宫八卦形。通俗地讲，桐山后金村落的布局犹如大蜘蛛编织的网，中心小圆为村中心水塘，绵延粗壮的经线是8条古巷，稍细的纬线为块状房屋间的通道。相传，这是元代著名学者金履祥设计的，平面布局独具艺术魅力，把形、行、居、藏融为一体，做到

桐山后金村村中心水塘

了易聚易散,令建筑学家惊叹不已。

桐山后金村的村中心水塘中间有个土墩,土墩上还生长着一棵茂盛的大树,看上去像一座小岛,颇为有趣。这棵大树是老柏树,树干直径有1米多。古时候桐山后金村正好处于兰溪和建德交界处,村子被一分为二,一半归建德,一半属兰溪,这棵老柏树就是天然的分界线。后来,桐山后金村全部划给兰溪管辖,分界线自然就消失了,可老柏树依旧立在土墩上。

孝贤堂、正和堂、仁山书院……村里的一个个历史遗存依次呈现在眼前,仿佛穿越数百年,带人"走"进宋、元、明、清时代。

桐山后金村保存最完好的古建筑就是仁山书院。仁山书院是理学大家金履祥晚年的讲学之地,几经修缮,现存的仁山书院为清代风格。

桐山后金村是金履祥的故乡。金履祥,学者称仁山先生。明正德年间,金华知府赵豫在天福山建有金仁山祠,以纪念这位先贤。桐山后金村仁山书院,面积600平方米,建筑结构宏伟,保存完整,2005年被公布为省级文物保护单位。2011年仁山书院进行了整体修缮。仁山书院现为兰溪市爱国主义教育基地、兰溪市廉政文化教育基地。

村中的老房子大多聚集在老柏树的西面。而在同一方向的池塘边,赫然屹立着一座古牌坊——刘氏节孝石坊。在池塘的另一边,与古牌坊相对的是一棵古樟树,其伞状的枝叶,似在庇护着这个古村的历代子孙。

从历史悠久的古牌坊到近年建造的孝德亭,桐山后金村自古以来就注重孝道。原来,这与村中流传的先辈们的尽孝故事不无关系。据《元史》记载,绍兴年间,金景文以孝行著称,其父母疾,斋祷于天，而灵应随至。事闻于朝，改所居乡为纯孝乡（沿称至清），赠匾"纯孝格天"。

金景文是金履祥的从曾祖父，是宋代有名的孝子。他与妻子真诚孝顺父祖。守孝母坟时，夜有天光灿烂，人们认为孝心感天。后来守孝父坟时，暴风雨来了，茅舍也没有破损。

有一年大旱，人们请来金景文求雨。金景文选准气候变化的时机，并让大家做好抗旱接水的准备，恰巧天降甘霖，这场雨就被人们叫作"孝子雨"。

当时，金华郡守韩元吉将望云乡有三孝子（即金景文、陈天隐、董少舒）的事报请朝廷表彰乡里。朝廷敕匾额"纯孝格天"，以"孝、友、睦、姻、任、恤、忠、和"八行诏恤其家，望云乡改名为纯孝乡。

宋咸淳四年（1268），兰溪知县沈应龙以三孝子的孝名建祠厅，将三孝子合在一起祭祀供奉，名为"三贤堂"，并立八行碑以教育后代孝敬父母长辈。

宋景定三年（1262），而立之年的金履祥身在婺州，不料他的父亲、伯父、伯母先后病重，并相继过世。他毅然回乡服侍、服丧、守孝，竭尽"八行"之首孝。

如今，"八行""纯孝格天"的牌匾都挂在村中的仁山书院。村中的百年古樟、青石牌楼、宗祠，都彰显了古老的孝道文化，村民们尊老敬老成风，赡养老人的纠纷从未有过。

走进仁山书院，院里的大梁上牌匾尤其多。在书院第二进的大梁上，挂着一块书有"仁山书院"四字的牌匾，落款为"中翰林慈溪王斯来书"，但没有注明时间。

"仁山书院""东宫学官""八行""纯孝格天"……一块块幸存下来或后来恢复的牌匾，为仁山书院添上了一笔又一笔的历史记忆。

而桐山后金村的村民对于仁山书院还有一番别样的感情。现在村中40岁以上的村民大多在书院里习文识字,读完小学的功课。大概在民国初年,村中的小学便设在了这里,直到1983年左右,书院才不再作为教室。

在桐山后金村,过年过节或家里有喜事,村民们首先想到的是先祖金履祥。大年三十、正月初六,家里有结婚、建房、乔迁等喜事时,村民们都会到孝贤堂、正和堂、仁山书院去祭拜。在传统文化的影响下,村里打架少、偷盗少、尊老爱幼多、好人好事多。

书院的文风滋养了村中的金氏后人。在金履祥死后的700多年间,桐山后金村的德仁文风浩气长存,才子辈出,科举得中200余人。如今村中有教师、教授等数十人,桐山后金村被人们誉为"才子之村""教师之村"。

一、仁山书院

仁山书院位于兰溪市黄店镇桐山后金村北部,坐北朝南,为三间三进两天井,带两偏屋建筑,建筑面积960.88平方米,建于清代道光年间(据宗谱记载)。

仁山书院正面

前进明间为五架梁带前后单步。前后檐柱、角柱及金柱用青石方柱,其余为圆木柱,次间抬梁与穿斗相结合。中进明间为五架梁带前后单步,次间抬梁与穿斗相结合,前后檐柱用青石方柱。后进梁架为抬梁与穿斗相结合,前檐柱用青石柱。地面均为三合土地面,用覆盆柱础。偏屋即书房均为三间两搭厢建筑,梁架为穿

仁山书院内景

斗式,观音兜屋面。仁山书院东、南两边带围墙,大门口围墙上建有照壁一座。

仁山书院是当地群众为纪念该村先祖金履祥而建,具有很高的历史、艺术价值。

二、金履祥墓

金履祥墓位于兰溪市黄店镇桐山后金村小钓山山脚。坐西朝东,占地485.6平方米。金氏后裔于清代重修。八字形墓壁,墓宽3.5米,封土高1.9米。该墓具有较高的历史文化研究价值。

金履祥墓

金履祥,从小好学,凡天文、地理、礼乐、田乘、兵谋、阴阳、律历之书,无不精研。初受学于王柏,后受学于何基,造诣益深。

金履祥曾任教于严陵钓台书院。宋亡入元,金履祥不仕,专心著述,著有《通鉴前编》《大学章句疏义》《尚书表注》《论语集注考证》《孟子集注考证》《举要》《仁山文集》等,编有《濂洛风雅》。晚年筑室隐居于金华仁山下,讲学于丽泽书院,以淑后进,许谦、柳贯皆出自其门。金履祥为浙东学派中坚。他提出的"敬行"思想在古代哲学史上具有重要地位。用今天的话来说,金履祥的理学敬天理、重实践,具有"务实、守信、崇学、向善"的思想。

三、散翁公墓

散翁公墓位于兰溪市黄店镇桐山后金村东青龙山山脚,坐东南朝西北,占地面积65平方米,墓面总宽5.18米,高约2米。主墓面长1.65米,宽1.05米,竖刻"东宫长官　桐阳十世行万九公　夫人童氏之墓　道光七年岁次丁亥孟春月立"。另有一碑刻"桐阳散翁公墓　裔孙金礼乐立"。此碑无确切年代,在2001年维修时存放于墓内。据其宗谱记载,散翁公墓始建于南宋,明初金礼乐重新立碑,清道光七年(1827)后人重立墓碑,"文革"期间被破坏,2001年12月29日后人重立。

散翁公乃金履祥之父,为桐阳十世行万九公,曾任东宫长官之职。其本人就是位教育家,能教育出金履祥这一博学之子,实乃可贵。该墓具有较高的历史文化研究价值。

四、孝贤堂

孝贤堂位于桐山后金村东南部,坐东朝西,砖木结构,占地面积329.42平方米。始建于元末明初,历经维修,现存梁架多为清代风格。三间两进一享堂。前进明间五架月梁带前双后单步廊。后进明间五架圆木梁带前双步后单步廊。次间梁架皆穿斗式。两进间有过廊相连。享堂有楼,单间,楼下以月梁承重。后进与享堂地面为斜墁方砖,前进地面为三合土地面。鼓形柱础,下垫覆盆。天井内用鹅卵石及麻石铺设。建筑用料较大,在祠堂建筑中具有一定的代表性,是研究乡土建筑发展的实物依据。

五、贻厥堂

贻厥堂位于兰溪市黄店镇桐山后金村中部,坐东朝西,占地面积121.32平方米。民国二十八年(1939)造。现存三开间两厢,无楼,硬山顶。贻厥堂明间中缝梁架为五架月梁带前后双步扁作梁,边缝梁架为穿斗式。檐柱上置戏曲人物牛腿,天井青石铺设,鼓形柱础。据村民讲述,该堂原有三进,后毁,仅存三开间两厢。贻厥堂是桐山后金村的份头厅,是乡土建筑的重要组成部分,是研究该村民国时期建筑的实物资料。

六、正和堂

正和堂位于兰溪市黄店镇桐山后金村中部,明末清初建筑风格,坐东朝西,占地面积约270平方米。三开间带一享堂。正和堂设八字形门楼,檐枋上设平棋,前檐柱上置牛腿。正屋明间梁架为五架梁带前双步后单步,月梁造。次间梁架为穿斗式,明间内檐枋上置"正和堂"牌匾。明间金柱柱础为鼓形覆盆式,其余为础形柱础。三合土地面。享堂垂直于正屋明间,三开间,梁架均为五架梁,硕形柱础,三合土地面。正和堂格局完整,用材硕大,造型独特,文物价值较高。

七、刘氏节孝石坊

刘氏节孝石坊位于兰溪市黄店镇桐山后金村东部,建于清嘉庆六年(1801),南北向,四柱五楼歇山顶石构建筑。该石坊通面宽7.14米,高约7米。四柱用抱鼓石

刘氏节孝石坊

稳固,以石雕斗拱撑托石构屋面,楼脊饰鸱鱼吻,顶楼下正反两面都嵌"恩荣"二字石匾。阑板刻"为儒士金其相妻刘氏立""大清嘉庆六年岁次辛酉孟冬月吉旦""钦命兵部侍郎兼都察院右副都御史巡抚浙江等处地方提督军务兼理粮饷加三级阮元"等字。

该石坊基本完整,造型优美,雕刻精致,文物价值较高。

八、福泉庵

福泉庵坐落在兰溪市黄店镇桐山后金村福泉山山脚,坐东朝西,是座古庵堂。自金氏祖先迁居此地以来,由于时代变更,人口繁衍,村落开拓,庵址也几度变迁。庵堂最早是在宋末由金履祥奠

基建造的,至今已有700多年。留传至中华人民共和国成立时的庵堂有三间对合一天井两过厢,经多次社会变革,佛毁庵空,集体办过篾业社、生产队关过牛。后因农村改革,庵堂长期空闲,失管失修,破烂不堪而废。

盛世之年,万事俱兴。2002年本村村民唐壬道、金志余、金海通、陈余香、金爱娟、陈爱妹等19人带头募捐、赞助,募筹资金、木材、劳力进行重修,历时一年。重建后的三间对合一天井两过厢的庵堂,后三间正堂塑有释迦牟尼、观音、弥勒佛像,左首塑有土地公公、土地婆婆,右首塑有关公、五谷神、子孙满堂像等;前三间中间塑有金氏始祖像等。全庵共塑有大小佛神像37尊,在村级寺庙中处于中上品位。每逢农历初一、十五日开门供百姓敬香祭祀。

九、桐山后金古民居

金建华宅:位于兰溪市黄店镇桐山后金村北部,坐东朝西,占地面积106平方米,清代建筑,原有牌匾"崇德堂"已毁。三开间两厢带一楼梯弄楼屋,硬山顶。

该宅楼下明间五柱落地,前廊设月梁,其余用穿楣,明间后金柱间设堂门,前金柱与后金柱间全用板壁做隔断。次间五柱落地,前廊月梁下有穿楣,方栅。楼上梁架结构皆为穿斗式,制作简朴。檐柱上置斜撑式牛腿,天井青石铺设,鼓形柱础。

该宅保存较完整,是该村清代民居的组成部分,有一定的文物价值。

叶景宏宅:位于兰溪市黄店镇桐山后金村中部,坐西朝东,占地面积90.27平方米,清晚期建筑。原有匾额"继制堂"。三间两厢楼屋,硬山顶。

楼下明间三柱落地,以月梁承重,次间五柱落地,用穿楣,方栅。楼上梁架结构简朴,皆为穿斗式。柱础有鼓形、瓜棱形等,下垫覆盆,三合土地面。

该宅柱础做工较精致,主体保存一般,对于研究清晚期的乡土民居建筑有一定的意义。

金景芳宅:位于兰溪市黄店镇桐山后金村中部,坐北朝南,占地面积103.38平方米,民国时期建筑。三间两厢楼屋,东有一骑街楼,硬山顶。

楼下明间用四柱,卷草纹扁作梁造,搁枕与扁作梁间置花板及木墩,方栅。楼上梁架结构简朴,皆为穿斗式。檐柱置戏曲人物牛腿。鼓形柱础,三合土地面。

该宅木构件雕刻极精致,做工考究,反映了民国时期的雕刻及工艺水平,是研究民国时期乡土民居建筑的实物例证。

金志云宅:位于兰溪市黄店镇桐山后金村中南部,坐东朝西,占地面积77.48平方米。清代建筑,三开间两厢,硬山顶。

楼下明间三柱落地,以月梁承重,方栅。次间五柱落地,用穿楣。楼上梁架结构皆为穿斗式。鼓形柱础,下垫覆盆,设望砖,青石天井。

该宅保存较完整,做工规整,是研究乡土民居建筑的实物资料。

金壬进宅:位于兰溪市黄店镇桐山后金村中南部,坐东朝西,占地面积101平方米,清代建筑。三开间两厢一明堂,硬山顶。

该宅前檐墙设金鼓架。楼下明间四柱落地,以月梁承重,搁枕与月梁间设镂空木墩,次间五柱落地,用穿楣。楼上结构简朴,梁架皆为穿斗式。楼上设晾台,宫式护栏。檐柱上置戏曲人物牛腿,麻石砌天井,鼓形柱础,三合土地面。

该宅保存较完整,用料规整,在乡村民居建筑中有一定的代表性。

叶士立宅:位于兰溪市黄店镇桐山后金村中部,坐东朝西,占地面积113.5平方米。原有牌匾"立三堂"。据户主介绍,该宅建于民国初期。三间对合楼屋,硬山顶。

前进进深极小,明间用两柱,以扁作梁承重。次间用三柱,用穿楣承重。后进楼下明间四柱落地,扁作梁设卷草纹,次间五柱落地,用穿楣。楼上梁架结构简单,为穿斗式。檐柱上置戏曲人物牛腿,鼓形柱础。

该宅格局保存完整,牛腿、雀替等木构件雕刻精致,反映了民国初期的雕刻及工艺水平,有一定的文物保护价值。

金祥兴宅:位于兰溪市黄店镇桐山后金村北部,坐南朝北,建筑面积105平方米,建于清代中期。三开间搭厢带两楼梯弄,砖木构楼屋。

该宅楼下明间用月梁带前单步廊,梁上用木墩,墩上雕刻精细,柱上用丁头拱,次间用月梁带前后单步,穿楣。厢房梁架也用月梁、穿楣,明间用方栅。三合土地面,鼓形柱础。天井四周用挡雨板,楼上用穿斗式梁架。

该建筑格局完整,保存一般,有一定的历史、艺术价值。

金文奎宅:位于兰溪市黄店镇桐山后金村北部,坐南朝北,建筑面积为158.93平方米,建于清代中期,三间对合楼屋。

该宅前进因分家而改动较大,穿楣承重间用夹竹泥墙封闭,方栅。后进楼下明间用月梁架带前后双步廊,前檐柱上置鸥鱼形牛腿。天井四周用重檐。楼上梁架为穿斗式,夹竹泥墙,楼上隔断也用夹竹泥墙。"大雅堂"牌匾原挂于后进明间内檐柱上,现已被拆除放置于楼上。用鼓形柱础，下垫覆盆，三合土地面，硬山顶。

该建筑时代特征明显，为研究建筑发展史提供了实物资料。

金志陵宅：位于兰溪市黄店镇桐山后金村西北部，坐南朝北，占地面积114.89平方米，清代晚期建筑。三开间两厢，楼屋。

该宅主屋明间楼下用扁作梁，上刻回字纹及元宝图案，前檐柱及厢房檐柱上用牛腿衬托，檐柱上也雕有戏曲人物及龙须纹，明间前廊设平棋，内檐柱上有一牌匾"居散君"，次间楼下梁架用穿楣。

整座建筑雕刻精细，保存完整，为研究乡村建筑提供了实物例证。

金壬通宅：位于兰溪市黄店镇桐山后金村中部，坐南朝北，占地面积77.83平方米，民国时期建筑。硬三间，楼屋，硬山顶。

楼下明间四柱落地，以扁作梁承重，方栅。次间五柱落地，穿斗式。楼上梁架为穿斗式，结构简单。

该民居扁作梁雕刻精致，是研究建筑发展史的实物资料。

徐玉忠宅：位于兰溪市黄店镇桐山后金村中部，坐东朝西，占地面积265.87平方米。始建于清代早期，前进民国时期重建。平面为三进三间两明堂，砖木构楼屋。

前进明间中缝梁架为五架扁作梁，边缝梁架为穿斗式。中进与后进梁架基本相同，楼下明间五柱落地，用双层穿楣，间置夹竹泥墙，前廊设月梁，明间全平棋，次间皆用穿楣。楼上梁架皆为穿斗式，制作简朴。各进间有过廊相连，后进与中进间天井周围设雁翅板，后进磉形柱础。

该宅建筑规模较大，从清代早期至民国的建筑风貌皆存，有一定的文物保护价值。

第二十章　聚仁故里　通洲廊桥

聚仁村是著名文学家曹聚仁故里、全国重点文物保护单位兰溪通洲桥所在地,是人文底蕴深厚的中国传统村落。

通洲桥

通洲桥,位于兰溪市梅江镇聚仁行政村塔山自然村的梅溪之上。从兰溪市区驱车往北,不到1小时,便可远远地望见一桥横架梅溪南北,红梁黑瓦,掩映于碧绿茂盛的古樟村之间,显得辉煌而神秘,这便是通洲桥了。

远看通洲桥,雄伟壮观。近观通洲桥,古朴雅韵。通洲桥,昔为金华、兰溪、义乌、浦江、建德五地间的交通要道。据《兰溪县志》和碑文记载,通洲桥建于清康熙年间,现存的通洲桥为清光绪十二年(1886)的建筑。

清康熙年间,通洲桥是一座木桥;乾隆二十三年(1758)改为石桥;嘉庆五年(1800)被洪水冲垮,暂用木桥;道光三年(1823)重修;光绪十二年易木为石,六墩五孔,成圆弧形石拱廊桥。桥身全长

84.8米,桥面宽4米,拱券矢高8米,净跨9米。拱券为纵联砌筑。桥面铺条石,两侧设条石护栏。桥上建廊屋21间,盖有21间水榭,青石赤柱,黑瓦红梁,飞檐斗角,错落有致,花虫鸟兽,精雕细刻,巧致典雅。两端为重檐歇山顶门楼,中悬"通洲桥"匾,桥中部设重檐歇山顶神龛。此桥颇具历史、科学和艺术价值。

拾级漫步桥上,凭栏东眺,只见梅溪之水天上来,时隐时现。溪流两岸阡陌纵横,沃野绵延,远山黛影掩映着农舍别院,点点滴滴,田园之趣油然而生。桥头有一座小山,名曰

文昌阁

"挂钟尖"。山顶建有一座玲珑剔透的"文昌阁"。桥阁交相辉映,构成一幅别具风格的画面。

与通洲桥相隔500米左右的梅江镇聚仁行政村蒋畈自然村,就是著名爱国人士、作家、记者曹聚仁的故里。

曹聚仁(1900—1972),浙江兰溪人。毕业于浙江第一师范学校。1922年到上海,任教于爱国女中、暨南大学、复旦大学等校。曾主编《涛声》《芒种》等杂志。抗日战争全面爆发后,任战地记者,曾报道淞沪抗战、台儿庄大捷。1950年赴香港,任新加坡《南洋商报》驻港特派记者。20世纪50年代后期,主办《循环日报》《正午报》等报纸。后多次回内地,促进祖国统一事业。著有《中国学术思想史随笔》《万里行记》《现代中国通鉴》等书共4000多万字。

他和他的结发妻子、教育家王春翠的初恋故事就发生在廊桥

通洲桥桥头古樟树

上。美国作家罗伯特有一部《廊桥遗梦》的小说，曾一时风靡世界，而此处通洲廊桥上的曹聚仁和王春翠的恋情却演绎了一个更为凄美感人的东方"廊桥遗梦"。

曹聚仁和王春翠的恋情故事是这样的。1915年一个金黄色的秋天，王春翠在这座桥上第一次见到曹聚仁。他说："你叫王春翠吧？我是曹聚仁。我常听到你在桥上读书，读得真好听！"她脸红了。他又对她说："我陪你走一段路吧！"不管她是否同意，他走在前头，并滔滔不绝地说着话。此后，王春翠陷入情网，朝思暮想着曹聚仁。而曹聚仁更是如此，时常爬上挂钟尖目送王春翠过桥，还专找有她名字在内的诗词大声朗读："春归何处？寂寞无行路。若有人知春去处，唤取归来同住。"1921年，有情人终成眷属，王春翠与曹聚仁喜结良缘。只是世事多变幻，白云苍狗，沧海桑田，楼空黄鹤去，王春翠形单影只地独居蒋畈村，全身心地投入教书育人的事业中。有时，王春翠老人会想起曹聚仁的《夜半过金华感怀》一诗中的"竹叶潭深留旧网，挂钟尖外送飞霞"一句，不禁泪湿衣襟。挂钟尖是通洲桥北面的一座小山，竹叶潭就在山脚。默默无声的挂钟尖和竹叶

王春翠故居

潭正是他们爱情的见证。

1972年曹聚仁在澳门病逝，噩耗传来，年届古稀的王春翠老人曾在桥上倚栏远眺，神情怆然。扶栏远眺，忆昔思今，不免使人感慨万千。

牧牛雕像

第二十一章　江南水乡里的女埠古街

　　兰溪市女埠街道位于兰溪市中北部、兰江西岸,2012年被列为浙江省历史文化名镇。

　　女埠街道,先秦时期为兰江水湾沼泽之地,秦以来郡县立,水路通,人口渐增。三国吴宝鼎年间(266—269)称此处为女儿浦。唐建县以后属望云乡建业里,聚落由浒溪、甘溪两溪环抱,依江傍水,宛若游龙,故俗称双龙镇。宋时为纯孝乡循义里,为兰江西岸的一个小商埠,统称为女埠。明初称平渡镇,洪武二十六年(1393)设平渡镇巡检司。同治年间定名为女埠镇。民国二十年(1931)正式设立女埠建制镇。中华人民共和国成立后先后为女埠乡、女埠人民公社、女埠镇、女埠街道。

　　女埠街道的核心区是女埠古街。女埠古街是一个具有1700多年历史的江南古街。主要建筑有周氏宗祠、王氏宗祠、真教寺等。

女埠公园

女埠古街

2005年王氏宗祠及真教寺被公布为市级文物保护单位。

街巷呈开字形分布，紧靠兰江，宽4—10米，全长1460米。古街西北已平行建成新街，并相互贯通，穿插在古街的街巷有13条。街巷分上街、中街、下街、新街。

上街，位于古街上首，故名。南起上街新区，北至中街，原为青石路面，1989年改建为水泥路。长462米，宽4—6米。西北侧有集成巷、方祠巷、青石巷、水车沥巷、吴祠巷和财神巷通新区，东南侧有邵家巷通兰江堤岸。沿江有女埠码头，是兰溪至富春江水路主要中转站和货运码头。方祠巷中有为纪念明代诗人方太古而建的清代建筑叙伦堂。

中街位于上街与下街的交界处，由水神巷与章谦泰巷连接而成。东南自女埠码头西北至女埠街道中心幼儿园，原为青石路面，1989年改建为水泥路。长112米，宽2—3米。与主街呈十字形交错，是古街的主要居民区。

下街因位于古街下首，故名。南连接上街，北至樟树塘，原为青石路面，1992年改建为水泥路。长512米，宽4米。西北侧有开发巷、泽基巷和花园巷通新

女埠古玩市场

区，东南侧有广成巷、草堂巷、勤俭巷、草堂前巷和水神巷通兰江堤岸。有始建于明代的王氏宗祠，其天井中有金桂、银桂两株桂花树，树龄均在100年以上。

新街分两段，一段位于上街村内，俗称上街新街。东南起上街口，西北至女埠街道社区卫生服务中心，路面为1994年新建的水泥路。它是主要商业街，女埠街道集贸市场设在此街。街边有中共浙西特委纪念馆（五龙庙）。另一段位于下街村内，俗称下街新街。东南起下街口，西北至兰建公路，路面为1994年新建的水泥路。这里是下街村主要住宅区和商业区。兰建公路将两段新街呈弧形连接。

女埠历史悠久，文化积淀深厚。有女儿滩和焦石等沿江风景及与黄店镇接壤的白露山风景名胜区；是唐代宰相舒元舆，明代学者章懋、都察院左副都御史邵圯、诗人方太古的家乡以及当代著名生物学家、中国科学院院士王伏雄，中国工程院院士潘复生的故乡。历代文人墨客黄庭坚、杨万里、王恽、徐渭、朱自清、钟敬文等均与女埠结下了不解之缘。

女埠也有着光荣的革命历史，五龙庙为大革命时期中共浙西各县代表会议会址，焦石村为兰溪抗日根据地之一。1927年中共兰溪临时特别支部建立，同年10月中共兰溪县委正式成立，女埠焦石村人邵溥慈和上新屋村人童玉堂先后担任特支书记和县委书记，领导兰溪人民进行革命斗争。

现在的中共浙西特委纪念馆，被列为兰溪市干部学习教育基地、廉政文化教育基地、青少年革命传统教育基地以及金华市红色旅游教育基地、浙江省党史教育基地，经常有各地干部和旅游爱好者前来参观学习。

一、王氏宗祠

王氏宗祠,位于女埠街道下街,始建于明代,现存建筑为清代重建,坐北朝南。平面三间对合,带两耳房,占地面积约480平方米。

前进设有戏台,明间梁架为抬梁式,四柱九檩,五架梁带前后双步梁,月梁造,次间五柱九檩,中柱落地,梁架为穿斗式。后进梁架结构与前进相似。两进之间设天井,天井宽大,内有两株古桂花树。大门设在东厢,为一八字形坊式门楼。

二、真教寺

真教寺,清代建筑,祀真武大帝,清同治年间重修,平面为三间两进,占地面积约300平方米。大门面为全青石坊式八字形门楼。四柱五楼,各楼正脊均有鸱鱼正吻。前进梁架为抬梁式,四柱九檩,五架梁带前后双步梁,五架梁、三架梁用圆木梁,柱均为抹角方形石柱。次间为五柱九檩穿斗式,柱均为抹角方形石柱。后进为重檐,明间梁架为五架梁带前后双步梁和前双架副阶,抹角方形石柱,扁石梁,次间为穿斗式。

后　记

感谢文学！

感谢家乡！

感谢家乡的老师和朋友们！

感谢帮助我的领导同志们！

这是我的肺腑之言！

因为文学改变了我的生活。

我的家乡兰溪市，是个人杰地灵、物阜民丰的好地方。我爱我美丽的家乡，爱兰溪的人文古迹和风景名胜，更爱英才辈出、辛勤劳动的父老乡亲。兰溪市的历代先辈，是他们，在人类发展的历史长河中，用自己的聪明才智和勤奋的双手，战天斗地，绘制出一幅幅淳厚丰实、流光溢彩的动人画卷；是他们，在祖国和人民需要的时候，挺身而出，为了国家的安全和人民的幸福，浴血奋战，英勇献身，写出一首首激奋人心的战斗诗篇；是他们，坚持团结友爱、和睦相处，弘扬中华民族自强不息、艰苦奋斗的传统美德，唱出了一曲曲优美动听、感人肺腑的时代壮歌。亘古及今，兰溪市的历史丰富多彩，情深文远。把她撰写成书，这部书完全可以作为兰溪市继往开来的一代人热爱祖国、热爱家乡的一部本土好教材。

在伟大祖国日新月异的社会变革中,兰溪市无疑是一片蕴藏着无限生机的热土,有着广阔而又美丽的前景。把兰溪市的美丽风景、悠久历史撰写成书,不仅是符合时代发展的潮流,而且是社会发展的需要。因此,撰写《兰溪传统村落》,可以说是我由来已久的一个强烈愿望。早在1992年,我在黄店镇露源联小当小学负责人的时候,就萌发了撰写白露山美景的想法,所以从那时起,我就有意识地同村中健在的长辈们广泛接触,开始查阅宗谱,收集和记录一些有关的资料,30多年来,我从来也没有停止过。

在近几年中国传统村落的评比中,我参与了16个村的资料收集与整理工作,其中在兰溪市21个中国传统村落中,有10个村的资料收集与整理工作,我是全程参与的,有2个村是提供过写作素材的,还有3个村评上了金华市级的传统村落,另外还有金华市金东区赤松镇仙桥村的资料也是我帮忙做的,也评上了中国传统村落。在千村档案的资料整理过程中,我又相继整理了中国传统村落女埠街道的虹霓山、垷坦、渡渎3个村的资料,还有游埠镇的潦溪桥村。在编写《浙江通志》中的浙江省名城名镇名村部分时,又编写到诸葛村、长乐村、永昌集镇、虹霓山村,这样一来,全市21个中国传统村落的资料都备齐了。

2023年,我宅居在家,突然冒出了想出一本集子的想法,这种想法愈来愈强烈,于是我就翻出了我曾经发表过的东西,挑选了一部分我曾经写作过的材料和拍摄过的照片,写成这本《兰溪传统村落》。这些文字记录了我真实的行走与心路历程。

《兰溪传统村落》的文稿历经多次精细琢磨,反复修订,但由于作者水平有限,文字功底不足,若有疏漏失误之处,还请读者见谅,并加以批评指正。我还有一个心愿，希望兰溪市人民能够在美丽兰溪的发展历史上留下更多的印迹。

刘　鑫

2024年5月10日

于兰溪市流星雨文化传媒工作室